# रोम

## ईसाइयत के पूर्व



प्रवीण कुमार झा

**Bonzuri Project**

# रोम: ईसाइयत के पूर्व



Published by Bonzuri Project 2025

**प्रकाशक**

Bonzuri Project

Cover: Zwantum



**Rom : Isaiyat Ke Poorv**

---

by Praveen Kumar Jha

# अध्याय

# नाट्यारंभ

मैंने बार्सिलोना में सड़क किनारे बिकती एक मूर्ति देखी—एक काले भेड़िए का दूध पीते दो शिशु। पत्थर और लकड़ी के बने। किंवदंती है कि ईसा पूर्व 753 में रोम की स्थापना युद्ध के देवता मार्स के जुड़वाँ पुत्र रोम्युलस और रेमस ने की, जिनका पालन-पोषण एक मादा भेड़िया ने अपना दूध पिलाकर किया था। मेरे मन में प्रश्न उठा कि भेड़िया क्यों, बाघ या शेर क्यों नहीं?

शायद इसलिए कि भेड़िए का 'सर्वाइवल इंस्टिंक्ट' बेहतर है। वह साम, दाम, दंड, भेद में निपुण है। आख़िर जो कहानी रोम से शुरू हुई, वही तो यूरोप से लेकर अमेरिका तक पहुँची। ग्रीस ख़त्म हुआ, मिस्र ख़त्म हुआ, ख़त्म तो रोम भी हुआ लेकिन उसके बीज आज दुनिया पर अप्रत्यक्ष सत्ता रखते हैं। इसके लिए भेड़िया-बुद्धि चाहिए। अब मिथक पर ग़ौर किया जाए।

राजा नुमितोर के साथ छल करके उनके भाई अमुलियस ने गद्दी हथिया ली। उस समय अविवाहित राजकुमारी रिया को स्वयं भगवान मार्स ने गर्भवती कर जुड़वाँ पुत्र दिए। जब राजा को पता लगा कि उनके काल बनकर उनके भाँजे जन्म ले चुके हैं, तो उन्हें मारने के लिए अपने सिपाही भेजे। उन जुड़वाँ शिशुओं को एक टोकरी में डालकर टाइबेरिया नदी में बहा दिया गया। उस नदी के देव ने उनकी रक्षा की, और एक गुफ़ा में छोड़ दिया। वहाँ एक मादा भेड़िया ने उन्हें दूध पिलाकर जीवित रखा। उसके बाद फ़ॉस्तोलस नामक एक गड़ेड़िए ने उन्हें अपने पुत्र की तरह पाला। वे दोनों भाई रोम्युलस और रेमस भेड़ चराते हुए बड़े हुए।

यह कथा आपने कहाँ सुनी है? राजा, भाँजे, नदी में टोकरी बहाना, किसी पशुपालक द्वारा पाला जाना और उसके बाद समुद्र तट पर नगर बसाना!

दरअसल उस समय पूरी दुनिया एक जैसी थी। सभी मूर्तिपूजक थे। सभी के लगभग एक जैसे ही देवता थे, एक जैसी कथाएँ। वृष्टि के देव, समुद्र के देव, वायु के देव, अग्नि के देव, युद्ध और विनाश के देव, प्रजनन की देवी। आज के इटली और

ग्रीस में दूध, चावल आदि लेकर पूजा करते हुए बलि चढ़ाए जाते। तंत्र-मंत्र होते। हर युद्ध से पहले पूजा की जाती। इन सबके लिए मिथकों, पर्वों और व्यवहारों का एक पूरा ताना-बाना था।

आज की इटली, जो किसी उँगली की तरह यूरोप के मानचित्र से निकली हुई है, वहाँ कुछ लातिन (लैटिन) मूल के, कुछ ग्रीक मूल के, और कुछ एत्रुस्कान मूल के लोग रहते थे। सभी की भाषा-संस्कृति कुछ अलग थी, लेकिन वे साथ ही खेती-बाड़ी और व्यापार कर जीवन-यापन करते। यह बताने की ज़रूरत नहीं कि ग्रीस, उत्तरी अफ़्रीका, या भारत की अपेक्षा वे ग़रीब थे। उनके घर मिट्टी के बने होते, जिस पर फूस की छत होती। उस समय तो किसी को अंदेशा भी नहीं था कि ये रोमन कहलाएँगे, और महाशक्ति में तब्दील होंगे।

आगे कथा यह है कि रोम्युलस और रेमस ने स्थान चुना जहाँ वे नगर बसाएँगे। लेकिन, दोनों ने जो पहाड़ियाँ चुनीं, वे भिन्न थीं। उन्होंने आकाश में देखते हुए ईश्वर से कहा कि अपना निर्णय दें। पहले रेमस की पहाड़ी के ऊपर छह गिद्ध मंडराए, तो उन्होंने विजयी मुस्कान देकर कहा कि निर्णय उनके पक्ष में है। तभी रोम्युलस की पहाड़ी के ऊपर बारह गिद्ध मंडराने लगे, और पासा पलट गया। अंततः दोनों में लड़ाई हुई, और रोम्युलस ने अपने जुड़वाँ भाई रेमस को मार डाला। भेड़िए का दूध पीकर अपने भाई के रक्त से सींचकर रोम्युलस ने रोम की स्थापना की।

मिथक अभी ख़त्म नहीं हुआ। इस नए नगर रोम में समस्या थी कि इसमें सिर्फ़ पुरुष ही थे, स्त्रियाँ नहीं थीं। रोम्युलस ने इसकी एक तरकीब निकाली। उन्होंने उत्तर की पहाड़ियों में बसे सबाइन मूल के लोगों के लिए पार्टी आयोजित की। उनको ख़ूब खिलाया-पिलाया, नृत्य किए; उसके बाद उनकी जितनी भी स्त्रियाँ थीं, सबको बंदी बना लिया। मिथक के अनुसार रोम का वंश इन बलात्कारों से जन्मे शिशुओं से बढ़ा।

मुझे लगा कि ऐसी कथाओं को यूरोपीय कहीं छिपाकर रख देंगे, या लीपा-पोती कर देंगे। कह देंगे कि यह एक बकवास मिथक है। मगर वे वाइन पीते हुए मुस्कुराते हुए कहते हैं— 'एक विश्वशक्ति बनने के लिए तो रोम को यह करना ही था'।

❋ ❋ ❋

राजतंत्र हो या गणतंत्र, सत्ता के लिए छल-कपट विश्वव्यापी रहा है। राजवंशों में भाइयों के मध्य षड्यंत्र और हत्याएँ। हालाँकि, रोम में शुरुआत वंशवादी राजतंत्र से नहीं हुई। वहाँ राजा चुना जाता था। रोम इतना छोटा था कि यह किसी ग्राम पंचायत के सरपंच चुनने जैसी प्रक्रिया थी। रोम की स्थापना के बाद कुछ आधे दर्ज़न चुने हुए राजा आए। उनका दरबार खुले आसमान में बैठकर लगता।

आज जो अंग्रेज़ी और यूरोपीय भाषाओं की लिपि रोमन है, वह उनकी लिपि थी। इस कारण रोम के ढाई हज़ार वर्ष पुराने शिलालेख सुविधा से पढ़ लिए जाते हैं। किसी युद्ध में मारे गए सैनिक की काँसे की टोपी मिली तो उस पर उसका नाम रोमन लिपि में लिखा मिल जाता है। यह एक कारण है कि वहाँ का इतिहास लिखने में लोगों को सुविधा हुई।

रोम का इतिहास लिखने की औपचारिक शुरुआत ईसा पूर्व दूसरी सदी में ही हुई। उस समय तक रोम गणतंत्र बन चुका था। जिस इतिहासकार ने भी इतिहास लिखा, उसने पिछली पाँच सदियों का इतिहास सुने-सुनाए क़िस्सों से या कुछ वार्षिक दस्तावेज़ों (annals) से लिखा। उनमें से कई दस्तावेज़ ग्रीक भाषा में थे, क्योंकि लैटिन एक स्थापित भाषा नहीं थी। ग्रीक को भारत के संस्कृत के समकक्ष कहा जा सकता है, जो विद्वानों की भाषा थी। यूनान से आई विज्ञान और साहित्य से जुड़ी किताबें पढ़ी-पढ़ाई जाती थीं। जबकि लैटिन बोलचाल की भाषा थी।

मुझे एक ईसा पूर्व इतिहासकार लिवि की किताब सुविधा से मिल गई। पेंगुइन प्रकाशन ने उनकी पाँच किताबों को जोड़कर एक किताब बना दी है। उस किताब में मैं सीधे लिए चलता हूँ आख़िरी राजाओं में एक टारक्विन प्रथम के राज में, जो ईसा पूर्व 616 में शुरू हुआ। उन्होंने रोम को वह रोम बनाया, जो हम फ़िल्मों में देखते हैं। वह रोम में एक अद्भुत खेल लेकर आए, जिसमें मनुष्य की लड़ाई शेर और जंगली जानवरों से होती। यह कहलाया—ग्लैडिएटर!

खेल के साथ-साथ उन्होंने ग्रीक देवताओं के मंदिर भी बनाने शुरू किए। रोम के अपने राज्य-देवता बने—जूपिटर। मिथक यह था कि सैटर्न (Saturn) अपने सभी पुत्रों (नेप्च्यून, प्लूटो आदि) को खाते जा रहे थे। जब जूपिटर पैदा हुए, तो उनको कहीं छिपाकर पाला-पोसा गया। आख़िर, जूपिटर ने अपने पिता को युद्ध में

हराकर सभी खाए हुए पुत्र उगलवाए और स्वर्ग पर क़ब्ज़ा किया। मेरी रुचि मिथक में नहीं, इससे जन्मी प्रवृत्ति से है।

हुआ यूँ कि राजा टारक्विन ने अपनी एक दासी के पुत्र सर्वियस को अपना उत्तराधिकारी चुना। उनके सलाहकारों ने भी अनचाहे मन से इस पर सहमति दे दी। मगर थे तो सर्वियस एक दास-पुत्र। भला यह अति-पिछड़ा वर्ग का राजा रोमनों को क्यों भाता? राजा सर्वियस के लिए सबसे बड़ा ख़तरा टारक्विन के दो जायज़ पुत्र राजकुमार लुसियस और आर्नियस थे। सर्वियस ने सौतेले भाइयों को अपने खेमे में लेने के लिए अपनी बेटियों का विवाह उनसे करा दिया। इस तरह अपनी सूझ-बूझ से उन्होंने लगभग चार दशक तक राज किया।

किंतु राजकुमार लुसियस राजगद्दी को अपना पैतृक अधिकार समझते थे। इसके लिए वह किसी हद तक जा सकते थे। उन्होंने अपनी पत्नी और भाई आर्नियस, दोनों की हत्या कर दी, और इस षड्यंत्र में शामिल अपनी भाभी टुलिया से विवाह कर लिया। ध्यान रहे कि उनकी भाभी भी राजा सर्वियस की ही बेटी थी, लेकिन अब वह अपने पिता को मारकर रानी बनना चाहती थी।

राजमहल में घुसकर लुसियस सीधे राजगद्दी पर बैठ गए। जब राजा सर्वियस ने देखा तो भड़ककर पूछा, "यहाँ बैठने की तुम्हारी जुर्रत कैसे हुई?"

लुसियस उन्हें लात मारकर घसीटते हुए बाहर सड़क पर ले गए और कहा, "तुम दास हमारी जूती के बराबर हो! तुम्हारी यही जगह है। राजगद्दी पर बैठने का हक़ सिर्फ़ हम कुलीनों को है।"

लुसियस के कुलीन मित्रों द्वारा राजा सर्वियस को रोम की सड़क पर पीट-पीटकर मार डाला गया। रानी टुलिया नए राजा के साथ एक बग्घी में बैठकर, अपने पिता के रक्तरंजित शव को रौंदते हुए रोम की सड़कों पर निकली। लुसियस टारक्विन सुपरबस प्राचीन रोम (गणतंत्र से पूर्व) के पहले राजा थे, जो सहमति से चुने नहीं गए, बल्कि बलपूर्वक गद्दी पर बैठे।

राजा टारक्विन सुपरबस के साथ पहली समस्या थी कि वे लातिन नहीं, एत्रुस्कन जाति के थे। हालाँकि उसी जाति से उनके पिता भी थे, किंतु उनके पिता चुनकर बने थे। एत्रुस्कन तकनीकी दिमाग़ के लोग थे, जो खेती-बाड़ी से लेकर

नगर-संरचना में निपुण थे। वहीं लातिन कलात्मक लोग थे, जिन्हें मानवीय मूल्यों, ग्रीक दर्शन आदि में अधिक रुचि थी। आज के शब्दों में कहें तो एक साइंस स्ट्रीम के, दूसरे आर्ट्स। जहाँ लातिन पारंपरिक पूजा करते, एत्रुस्कनों में औघड़ तंत्र-मंत्र और बलि की उपयोगिता अधिक थी।

टारक्विन ने इन दो भिन्न गुणों वाली जातियों को मिलाकर आगे बढ़ना चाहा। उन्होंने सबसे पहले अपनी बेटी का विवाह एक संभ्रांत लातिन परिवार में किया। उन्हें यह लगा कि ग्रीक और लातिन संस्कृति के मूल में धर्म है। उन्होंने विश्व के विशालतम मंदिर बनाने का निर्णय लिया। उनके पिता का अधूरा जूपिटर मंदिर उन्होंने इतना विशाल बनाया कि एक आगार ही फ़ुटबॉल मैदान जितना बड़ा था। वहीं, एत्रुस्कनों को नाला-निर्माण, सड़क-निर्माण और मंदिर-निर्माण के ठेके दे दिए।

आज के रोम के नीचे ढाई हज़ार वर्ष पुरानी नालियों का एक जाल है। इसका नाम है— 'क्लोका मैक्सिमा', जिसे उन्हीं राजा ने बनवाना शुरू किया। जिन प्राकृतिक बरसाती दलदल से पतली नालियाँ बहकर टाइबर नदी में गिरती थीं, उनको गहरा और ईंट से पक्का बनाकर ढक दिया गया। नगर उन नालियों के ऊपर बसा। वे इतनी अधिक हैं कि रोम के नगर निगम ने आज तक सभी नालियाँ देखी भी नहीं हैं। यह काम सुचारु रूप से हो सके, इसके लिए रोमन राजा ने दो चीज़ें कीं। पहली यह कि उन्होंने इन नालियों को एक देवी का रूप दिया— 'क्लोसिना'। मल की भी देवी! आज हम स्वच्छता के अभियान चलाते हुए मल-निकास के 'ब्रांड एम्बेसडर' चुनते ही हैं। राजा ने सोचा होगा कि मल की अगर देवी हो, तो कोई यूँ ही जहाँ-तहाँ नहीं फेंकेगा। बाद में कचरा सड़क पर फेंकने वालों पर जुर्माना और सज़ा भी मुक़र्रर हुई।

लेकिन इन तमाम निर्माण कार्यों का अर्थ था रोमन सर्वहारा का शोषण। जनता को खेतों से निकालकर मामूली रक़म पर ईंट ढुलवाए जाते, नींव खुदवाई जाती, सुरंग बनवाए जाते। वे अब या तो पलायन कर रहे थे, या आत्महत्याएँ। कइयों को बीच सड़क पर चाबुक से मारा जाता, कई को मार ही दिया जाता।

लातिनों के मुखिया टर्नस ने मानवीय मूल्यों का हवाला देकर राजा से मिलने

की ख़्वाहिश रखी। पूरे दिन लातिन प्रतीक्षा करते रहे और राजा की कहीं ख़बर नहीं। आख़िर जब शाम को राजा आए, तो लातिन चिढ़ चुके थे। राजा टारक्विन ने कहा, "एक पिता-पुत्र के विवाद निपटाने में फँस गया था।"

टर्नस ने ग़ुस्से में कहा, "यह विवाद तो एक क्षण में निपटाया जा सकता है। आपने पूरा दिन लगा दिया? पुत्र को कहिए कि पिता की आज्ञा मान लें।"

यह कहकर टर्नस वहाँ से निकल गए। राजा ने अपनी इस बेइज़्ज़ती का बदला लेने की ठानी। उन्होंने अपने ग़ुलामों को भेजकर टर्नस के घर में हथियार रखवा दिए, और आरोप लगाया कि वह जन-क्रांति करने का षड्यंत्र कर रहे हैं। इस कथा में यह मुमकिन है कि वाक़ई टर्नस सर्वहारा हिंसक क्रांति की योजना बना रहे हों। सच जो भी रहा हो, उन्हें पत्थरों से बाँधकर एक ऊँचाई से नदी में गिरा दिया गया।

ऐसी सज़ाएँ अब रोम-वासियों को अत्याचार लग रही थीं। एक दिन तो राजा ने अपने बड़े भाँजे को बंदी बनाकर मार डाला। छोटे भाँजे को हँसते हुए यह कहकर छोड़ दिया, "यह तो ब्रूटस है। इसको क्या मारना? हमारे परिवार में एक यही तो हास्य-विनोद का पात्र है।" ब्रूटस का अर्थ है मूर्ख। वाक़ई ब्रूटस की हैसियत एक बेवक़ूफ़ की ही थी। किंतु यही लुसियस यूनियस 'ब्रूटस' रोमन इतिहास के सबसे बड़े कूटनीतिज्ञों में एक सिद्ध हुए। वह 'लो प्रोफ़ाइल' में रहकर बदले का मौक़ा तलाश रहे थे। जैसे एक फ़िल्म का डायलॉग है – सबका बदला लेगा फ़ैज़ल! रोमन इतिहास में यह ब्रूटस नाम बार-बार आएगा। सबका बदला लेगा ब्रूटस!

❋ ❋ ❋

उन दिनों रोम औघड़ों का गढ़ हुआ करता था। ख़ासकर एत्रुस्कन इस विद्या में दक्ष थे। यह औघड़ी अंग्रेज़ी में Augury कहलाती है, और रोमन अपने जीवन के अहम फ़ैसले इन भविष्यवाणियों के आधार पर ही लेते थे। यह इस हद तक था कि शत्रु सेना द्वार पर होती, और राजा उस समय तक अपनी सेना नहीं भेजते जब तक भविष्यवक्ता हरी झंडी नहीं देते।

एक दफ़ा राजा टारक्विन के महल में एक खंभे से साँप निकलकर आया। राजा इसे अपशकुन मान बैठे और अपने पुत्रों से कहा, "तुम लोग डेल्फ़ी के

अपोलो मंदिर जाओ। वहाँ के औघड़ से इसका अर्थ पूछो। अपने साथ ब्रूटस को भी ले जाओ। तुम्हारा मनोरंजन हो जाएगा।"

वे राजकुमार पूरे रास्ते ब्रूटस का मख़ौल उड़ाते हुए डेल्फ़ी तक पहुँचे। ब्रूटस भी उनके भय से सब सहते रहते। वह अपोलो देवता को अर्पित करने के लिए एक सोने की छड़ी छिपाकर लाए थे। राजकुमारों ने डेल्फ़ी पहुँचकर औघड़ से पूछा, "रोम का भविष्य क्या है? अगला राजा हममें से कौन होगा?"

औघड़ ने एक पशु का पित्ताशय हाथ में लेकर कुछ मंत्र पढ़ते हुए कहा, "तुममें से जो भी अपनी माँ का माथा सबसे पहले चूमेगा, वही रोम का अगला राजा होगा।"

यह सुनकर सभी राजकुमार अपनी माँ तक पहुँचने के लिए भागे। लिवि बड़े नाटकीय अंदाज़ में वर्णन करते हैं कि उस समय ब्रूटस कुछ पीछे चलते हुए नीचे झुक गए, और रोम की मिट्टी को चूम लिया!

कुछ समय बाद रोमन राजकुमार कुलीनों के साथ उत्सव कर रहे थे। शराब के नशे में उन्होंने बाज़ी लगाई कि किसकी पत्नी बेहतर गृहिणी है। वे छिप-छिपकर सभी के घरों में झाँकने गए। अधिकांश पत्नियाँ बैठकर गप्पें लड़ा रही थीं, या दासियों से सेवा ले रही थीं। लेकिन राजकुमार कौलेटिनस की पत्नी लुक्रेशिया बैठकर सूत कात रही थी। उन्हें देखकर राजकुमार सेक्सटस की काम-वासना जाग उठी। लुक्रेशिया घर में अकेली थी, सेक्सटस वहाँ धमक पड़े। लुक्रेशिया ने राजकुमार को आदरपूर्वक बिठाकर स्वागत किया। राजकुमार ने कहा कि वह उन्हें पत्नी बनाना चाहते हैं। जब लुक्रेशिया ने उनके प्रस्ताव को ठुकराया तो उन्होंने कहा, "पत्नी नहीं बन सकती, तो मेरी वासना मिटाओ। अन्यथा मैं तुम्हें मारकर एक ग़ुलाम के साथ नंगा लिटा दूँगा। कह दूँगा कि तुम व्यभिचार में लिप्त थी, इसलिए सज़ा देनी पड़ी।"

लुक्रेशिया भयभीत हो गई और सेक्सटस ने ज़बरन बलात्कार किया। इस घटना के बाद वह रोते हुए ब्रूटस के पास पहुँची, और आपबीती सुनाई। उन्होंने सहानुभूति जताई लेकिन वह असमर्थ थे। अगले ही दिन लुक्रेशिया ने स्वयं को चाकू मारकर आत्महत्या कर ली।

जब ब्रूटस ने उसका रक्तरंजित शरीर देखा, उनकी आँखें लाल हो उठीं। उस समय उन्होंने लुक्रेशिया के पेट से चाकू निकालकर अपने हाथ में लेते हुए सौगंध ली, "मैं लुसियस यूनियस ब्रूटस यह शपथ लेता हूँ कि अब रोम में कोई राजा नहीं होगा... इस पवित्र स्त्री के ख़ून की सौगंध लेकर और देवताओं को साक्षी मानकर मैं वचन देता हूँ कि राजा टारक्विन सुपरबस पर अभियोग लगाऊँगा। उसे, उसकी शातिर पत्नी और उसके बेटों को रोम से निकाल फेंकूँगा। चाहे तलवार से, चाहे आग से, या किसी भी माध्यम से, इस राजतंत्र का हमेशा के लिए अंत कर दूँगा।"

एक मूर्ख और दब्बू माने जाने वाले ब्रूटस की इस शपथ से रोम की शेष भीरु जनता का भी ख़ून खौल उठा। पूरा रोम इस बलात्कार के बाद राजपरिवार का अंत चाहता था। राजा टारक्विन के पास परिवार सहित भागने के सिवाय कोई रास्ता नहीं बचा था। ब्रूटस ने स्वयं राजा बनने के बजाय संपूर्ण रोम के साथ यह शपथ दोहराया— "अब इस राज्य में कभी कोई राजा नहीं होगा। यहाँ गणतंत्र की स्थापना होगी।"

लेकिन, जल्द ही ब्रूटस के समक्ष एक कठिन अग्निपरीक्षा आ गई। सूचना मिली कि पूर्व राजा टारक्विन फिर से सत्ता पाने के लिए षड्यंत्र कर रहे हैं, और इस षड्यंत्र में ब्रूटस के अपने दो पुत्र भी शामिल हैं। रोम की मिट्टी को अपनी माँ का दर्जा देने वाले ब्रूटस ने कहा, "वे मेरे पुत्र हैं, लेकिन इस मातृभूमि के पुत्र नहीं। उन्हें वही सज़ा दी जाएगी, जो किसी राजद्रोही को दी जाती है।"

ब्रूटस के सामने उनके पुत्रों का गला काटा गया, और वह अपनी पथराई आँखों से देखते रहे। यह स्पष्ट हो गया था कि अब कोई प्रलोभन, कोई षड्यंत्र, कोई भी मोह गणतंत्र के रास्ते में नहीं आ सकता था। औघड़ की भविष्यवाणी अपनी जगह ठीक ही थी। मिट्टी किसी एक की माँ नहीं थी, उसे चूमने वाला हर नागरिक राजा था।

# रिपब्लिक

गणतंत्र शब्द 'गण' और 'तंत्र' से बना है, जो ईसा से सात सदी पूर्व भारत के वज्जि और अन्य महाजनपदों में जन्मा। उसके दो सदी बाद 509 ईसा पूर्व में रोम में रे पब्लिका (res publica) बनाई गई, जिससे रिपब्लिक शब्द बना। इस मध्य या इससे पूर्व भी दुनिया के छोटे-छोटे नगरों ने राजा से मुक्ति पा ली थी। ग्रीस में सिकंदर शासित तेरह वर्ष (336-323 ईसा पूर्व) छोड़ दिया जाए, तो वहाँ के अधिकांश नगर राजाओं द्वारा शासित नहीं थे।

लेकिन, यह व्यवस्था आज के संसद जैसी नहीं थी। पूरे देश में लोकसभा और विधानसभा के आम चुनाव नहीं होते थे। इसे कुलीनतंत्र या अल्पतंत्र (oligarchy) माना जा सकता है, जहाँ बहुधा कुलीन वर्ग के पुरुष महत्त्वपूर्ण निर्णय लेते थे। मसलन भारत के वज्जि महाजनपद में सात हज़ार से अधिक राजाओं की चर्चा होती है, जो आज पूरे भारत के लोकसभा सांसद संख्या के दस गुने से भी अधिक है। इनमें कितनी सहमति बनती होगी और कितने द्वंद्व होते होंगे? मगध नरेश अजातशत्रु द्वारा उन पर विजय पाना और धीरे-धीरे गणतंत्र का ख़त्म होना इस विषय पर कुछ संकेत देता है। लेकिन तीन सदियों से अधिक तक गणतंत्र का होना भी एक सफलता थी।

रोम तो विश्व के मानचित्र पर छोटी जगह थी। वहाँ कुलीनों की संख्या बहुत कम थी। इसलिए हज़ार राजा चुनने की विवशता नहीं थी। वहाँ यह निर्णय हुआ कि हर वर्ष दो प्रधान (Consul) चुने जाएँगे। एक के हाथ में सेना होगी, और दूसरे राज्य प्रशासन देखेंगे। ऐसे प्रधानों की न्यूनतम आयु सीमा 42 वर्ष थी। उन दोनों प्रधानों के पास एक-दूसरे के निर्णय को काटने या विरोध करने की शक्ति थी। वे सिर पर मुकुट नहीं पहनते। उनके टोगा वस्त्र पर एक चौड़ी बैंगनी रंग की पट्टी होती, और वे एक हाथी-दाँत की बनी कुर्सी पर बैठते। उस वर्ष का नाम भी उनके नाम

पर दर्ज कर दिया जाता। जैसे अगर 'मनोज' और 'बहादुर' नाम के दो व्यक्ति चुने गए, तो वह वर्ष 'मनोज बहादुर वर्ष' कहलाता।

लेकिन अगर युद्ध छिड़ जाए या कोई आपातकाल आ जाए तो? छोटे-मोटे युद्धों का निर्णय सेना प्रधान कर लेते। कुछ बड़े युद्धों में आपस में विमर्श किया जाता। हालाँकि भीषण आपातकाल की स्थितियों में संसद को अनिश्चितकाल के लिए एक निरंकुश राजा (Dictator) चुनने की शक्ति थी। आपातकाल के बाद उनको गद्दी छोड़ देनी होती।

इसके अतिरिक्त सात-आठ प्रीटर (Praetor) होते, जो विधि-व्यवस्था देखते और प्रतिनिधियों के मुख्य सलाहकार होते। वे भी हाथी-दाँत की कुर्सी पर बैठते। 'क्वेस्टर' ख़ज़ाना देखते। 'सेंसर' जनगणना करते। 'एडील्स' के हाथ में नगर-निर्माण होता।

एक ऐसा अंग था, जो आम चुनाव से जनता द्वारा चुना जाता। यह कहलाता—'ट्रिब्यून'। इसे आज के लोकसभा जैसा समझा जा सकता है, जो राज्य के फ़ैसलों को रोकने (veto) की भी क़ुव्वत रखती थी।

लेकिन, इन सबसे अलग और कई मामलों में सबसे अधिक नाक घुसेड़ने वाली एक संस्था भी थी। वह चुनी नहीं जाती, बल्कि उसमें अवैतनिक आजीवन सदस्य होते। प्रधान और अन्य प्रतिनिधि बदलते रहते, मगर वे नहीं बदलते। वहाँ बुज़ुर्ग पूर्व प्रतिनिधि, रसूख़दार कुलीन, ज़मींदार, बुद्धिजीवी बैठा करते। वहाँ किसी के बोलने की कोई समय-सीमा नहीं थी। एक व्यक्ति खड़ा होता तो घंटे भर बोलता रहता। इससे मिलती-जुलती संस्था वज्जि महाजनपद में 'सभा' कहलाती, जो बैठकर नियमित विमर्श करती और 'गण' को सुझाव देती। वर्तमान भारत में 'राज्यसभा' थोड़ी-बहुत इस ढर्रे पर है। उस संस्था के पास क़ानून बनाने का या बदलने का अधिकार नहीं था, मगर रोमन गणराज्य इतिहास में उसे भुलाना कठिन है। वह शक्तिहीन होकर भी बहुत शक्तिशाली थी। वह संस्था कहलाती—'सिनेट'!

❋❋❋

वर्ग-भेद हज़ारों वर्षों से दुनिया में क़ायम है। रोम जैसे छोटे से राज्य की

संरचना ही वर्ग-भेद पर बनी थी। दो-चार नहीं, बल्कि दर्ज़न वर्ग थे। यद्यपि सभी मिला-जुलाकर एक जैसी ही नस्ल के थे, एक जैसा रंग, एक ही संस्कृति। तथापि, उनके पुरोहितों, उनके सामंतों और शाही परिवार का ओहदा कहीं ऊँचा था। उनके महलनुमा घर होते, जिसमें विशाल आगार, कई कमरे और लगभग पचास दास-दासियाँ होतीं। उनके अधिकार में कई खेत और उन खेतों में परिश्रम करते किसान होते। वे टोगा पहनकर सीनेट में बैठते या किसी उच्च पद पर होते।

इसके विपरीत रोम के सर्वहारा वर्ग के बड़े परिवारों को भी एक कमरे में रहकर संतोष करना होता। कइयों के पास तो वह भी नहीं था। गणतंत्र में उनके अधिकार सीमित थे, और उन्हें किसी उच्च वर्ग के व्यक्ति को ही 'ट्रिब्यून' के लिए चुनना होता।

विडंबना यह कि आम जनता का विभाजन राजा सर्वियस ने किया, जो स्वयं दास-पुत्र थे। मुमकिन है कि कुलीनों के समर्थन से अपनी सत्ता को मज़बूत करने के लिए किया हो; या सेना की बेहतर संरचना के लिए किया हो। उन्होंने आर्थिक आधार पर छह वर्ग बनाए, जो सेना में भिन्न-भिन्न भूमिका रखते। पहले वर्ग को हेलमेट, कवच, तलवारें आदि मिलतीं। दूसरे को कवच नहीं मिलता। इसी तरह किसी को सिर्फ़ भाला, और किसी को बिगुल बजाने मिलता। आख़िरी पायदान पर वह वर्ग था, जो सबसे ग़रीब था। उन्हें सेना से मुक्त रखा जाता, और वे बंधुआ मज़दूर बनकर काम करते। उनके लिए कहा जाता कि ये सिर्फ़ 'प्रोल' (prole) यानी बच्चा पैदा करने के लिए हैं। उसी से शब्द जन्मा प्रोलिटेरियट यानी सर्वहारा। पीढ़ी-दर-पीढ़ी यह विभाजन क़ायम रहा।

गणतंत्र बनने के बाद ब्रूटस और कौलिनेटस पहले प्रधान बने। यूँ तो कौलिनेटस की पत्नी के बलात्कार से ही गणतंत्र की नींव पड़ी थी; लेकिन चूँकि वह क्रूर राजा टारक्विन के परिवार से थे और वही उपनाम रखते थे, इस कारण उन्हें पद त्यागना पड़ा। ब्रूटस की भी मृत्यु हो गई। अब इस कमज़ोर गणतंत्र पर चारों तरफ़ से हमले होने लगे। आम जनता को खेतों से उठाकर युद्ध में भेजा जाने लगा। कई सैनिक युद्ध में मर जाते, और उनका परिवार अनाथ हो जाता। सामंत उनके खेत हड़प लेते। उनकी ग़ैरमौजूदगी में उनकी पत्नी और बहनों के साथ ज़बरदस्ती की जाती।

जब पानी सिर से ऊपर जाने लगा, तो आख़िर हुआ—विद्रोह। यह विद्रोह किसी लाठी-भाले से नहीं हुआ। बल्कि, ईसा से लगभग चार सदी पूर्व एक दिन जनता ने यह निर्णय लिया कि वह रोम छोड़कर चले जाएँगे। वे रातों-रात बोरिया-बिस्तर बाँधकर रोम से चले गए। सड़कें वीरान हो गईं, दुकानें बंद हो गईं, खेत सूने पड़ गए। जब रोम के कुलीन सोकर उठे, रोम किसी मरघट की तरह दिख रहा था।

आख़िर रोमन कुलीन उन्हें मनाने के लिए उस पहाड़ी पर गए, जहाँ जनता जाकर बस गई थी। सीनेटर मेनेनियस ने वहाँ जाकर उन्हें कहा, "एक क़िस्सा सुनो। एक दिन शरीर के सभी अंगों ने सोचा कि हम हाथ खाना लाते हैं, हम दाँत चबाकर देते हैं, हम जीभ निवाला बनाते हैं, और यह पेट आराम से बैठकर सिर्फ़ खाता है। उन अंगों ने यह निर्णय लिया कि अब हम काम नहीं करेंगे, पेट भूखा मर जाएगा। लेकिन, अंततः उस पेट को भूखा मारने के फेर में शरीर सूखा पड़ता गया और सभी एक साथ मर गए।"

इस कथा के साथ उन्होंने कहा कि रोम अब यह ध्यान रखेगा कि पेट से चीज़ें हर अंग तक पहुँचे, और पूरा शरीर स्वस्थ रहे। इस बात की तस्दीक़ के लिए रोम में बारह तख़्तियाँ (Twelve tables) टाँगी गईं, जो एक तरह से उनका संविधान बना। उसमें जनता के अधिकार और सीमाएँ स्पष्ट रूप से लिखी गईं। यह शुरुआत थी एक गण-तंत्र को जन-तंत्र में बदलने की। रोम को वे चार अक्षर देने की, जो उस समय से आज तक रोम की गली-गली में उकेरे दिख सकते हैं।

SPQR - Senatum Populis Que Romanus अर्थात् संसद और रोम की जनता

इन्हीं अक्षरों के झंडे बनाकर रोम को कई युद्ध लड़ने थे। एक छोटे से नगर को साम्राज्य में बदलना था। कई बार गिरकर फिर से खड़ा होना था।

❋ ❋ ❋

रोम में बारह तख़्तियाँ लग गईं, और वर्ग-भेद ख़त्म हो गया? अगर यह इतना ही आसान था, तो आज तख़्तियाँ क्या, दर्ज़नों मोटे-मोटे संविधान दुनिया में हैं। हर संविधान में यह बात लिखी है कि जन्म के आधार पर भेदभाव नहीं किया जाएगा। पिछड़े वर्गों के लिए विशेष क़ानून बने हैं। मगर यह भेद तो क़ायम ही है।

रोमन कुलीनों को उनकी कुलीनता विरासत में मिली, वे तो त्यागने से रहे। उन्होंने बहलाने-फुसलाने के लिए जनता को कुछ प्रतिनिधित्व दे दिए, लेकिन वह आम जनता रही अ-कुलीन (plebeian) ही। उनकी क़ुव्वत नहीं थी कि कुलीनों से ऊँचे स्वर में बात कर सकें, टोगा पहन सकें, या हाथी-दाँत की कुर्सी पर बैठ सकें।

एक उदाहरण देता हूँ। ईसा पूर्व पाँचवीं सदी में रोम में भयंकर अकाल आया। उन्हें सिसली द्वीप से अनाज आयात करना पड़ा। उस समय सिनेट में एक बुज़ुर्ग खड़े हुए और कहा, "हमें इस बात का ध्यान रखना चाहिए कि ग़रीबों को कम दाम पर या मुफ़्त अनाज मुहैया कराया जाए।"

इस पर विमर्श चल ही रहा था कि एक कुलीन युवक कोरियोलैनस ने भड़ककर कहा, "क्यों? हमने क्या उनका ठेका ले रखा है? बल्कि यही मौक़ा है उन्हें दबाने का। अनाज हमारे गोदाम में रहेंगे। वे ख़ुद ही गिड़गिड़ाते हुए हमारे पास आएँगे। उस समय हम शर्त रखें कि उनका प्रतिनिधित्व ख़त्म किया जाए।"

"यह तुम क्या कह रहे हो? हमारे जन-प्रतिनिधि हमारे मध्य यहाँ बैठे हैं। तुम ऐसा सोच भी कैसे सकते हो?"

"मुझे यही बात तो खल रही है कि ये नीच लोग हमारे साथ बैठे हैं। निकाल बाहर करिए इन्हें।"

"बदतमीज़! वे कहीं नहीं जाएँगे। आज से तुम्हारी सदस्यता रद्द की जाती है। कभी यहाँ अपना मुँह मत दिखाना।", सिनेटर ने भड़ककर कहा।

"जा रहा हूँ। लेकिन, जब लौटूँगा तो इस रोम और आप जैसे कायरों को ख़त्म कर दूँगा। राज वही करेंगे, जो राजाओं के कुल से हैं।"

यह कहकर कोरियोलैनस न सिर्फ़ सिनेट, बल्कि रोम छोड़कर चले गए, और पड़ोसी शत्रुओं 'वॉल्सियन' से मिल गए। कुछ वर्षों बाद उन्होंने एक बड़ी सेना लेकर रोम पर आक्रमण कर दिया। कोरियोलैनस एक क़ाबिल सेनापति थे, और रोम की सेना उनके सामने टिक नहीं पा रही थी। उनको मनाने के लिए पहले कुछ दूतों को भेजा गया, वे नहीं माने। पुरोहितों ने जाकर धर्म की दुहाई दी, मगर वह टस से मस न हुए।

लिवि वर्णन करते हैं कि जब कोरियोलैनस रोम को ध्वस्त करने के लिए आगे बढ़ रहे थे, एक स्त्री आकर उनके सामने खड़ी हो गई। कोरियोलैनस रुक गए। यह स्त्री उनकी माँ वेचुरिया थी! वह भागते हुए अपनी माँ को गले लगाने पहुँचे, मगर उन्होंने हाथ झटकते हुए कहा, "मुझे छूने से पहले यह बताओ कि मैं अपने पुत्र से बात कर रही हूँ या शत्रु से? मैं तुम्हारी क़ैदी हूँ या माँ? क्या इस उम्र में मेरा यही भाग्य था कि अपने पुत्र को शत्रुओं के खेमे में देखूँ? तुमने अपनी मातृभूमि के ख़िलाफ़ युद्ध छेड़ा है, तो किस मुँह से अपनी माँ को गले लगाने आए हो? तुम मेरे पुत्र नहीं, एक ग़द्दार हो! अगर मैंने तुम्हें जन्म नहीं दिया होता, तो आज रोम पर यह आक्रमण नहीं होता। मैं बिना पुत्र के मर जाती, लेकिन एक स्वतंत्र रोम में मरती।"

कोरियोलैनस शर्म से गड़ गया, और उसने सैनिकों को वापस लौट जाने को कहा। यह युद्ध तो टल गया, लेकिन रोमन गणतंत्र को अपनी कमज़ोरी का एहसास हुआ। इतने वर्षों में रोम ने अपना अधिक विस्तार नहीं किया था। उसकी सेना पड़ोसी सेनाओं के मुक़ाबले कमज़ोर थी। रोम को अब युद्ध न सिर्फ़ लड़ने थे, बल्कि जीतने थे। इसके लिए गणतंत्र को अपना वह पत्ता खोलना था, जो सिर्फ़ आपातकाल के लिए रखा गया था। रोमन गणतंत्र ने तानाशाह (dictator) 'चुनने' का निर्णय लिया।

# डिक्टेटर

रोम में तानाशाहों का चुनाव एक अलहदा रीति थी। यह आज के समय में भी संवैधानिक आपातकाल के समय देखा जाता है, लेकिन ऐसी स्थिति नहीं होती कि जनता या संसद ही तानाशाह चुन ले। अगर चुन ले, तो वह एक साल बाद पद त्याग दे, इसकी क्या गारंटी है? रोम में चूँकि दो प्रधान थे, उनमें से एक मर जाता या किसी कारणवश पदच्युत हो जाता, तो दूसरा थोड़े समय के लिए तानाशाह पद पर आ जाता। इस तानाशाह (dictator) का वह अर्थ नहीं, जो हम आधुनिक काल में समझते हैं। यह एक तरह से गणतांत्रिक राजा ही होता, जो अकेला गद्दी पर बैठा होता।

458 ईसा पूर्व में जब रोम की सेना युद्ध लड़ रही थी, तो शत्रु राज्य एकी ने उनके प्रधान को सेना सहित घेर लिया। उस समय सिनेट एक कमांडर के पास मदद माँगने गई, जो सेना छोड़कर खेती-बाड़ी में लग गए थे। वे उस समय टाइबर नदी किनारे फावड़ा हाथ में लिए मिट्टी खोद रहे थे। उनसे कहा गया कि आप हमारे तानाशाह बन जाएँ, और सेना का भार सँभालें। उस घुँघराले बालों वाले व्यक्ति सिनसिनाटस 'कर्ली' ने तत्काल सेना को एकत्रित किया, और एक योजना बनाई कि वे रात को चुपके से आक्रमण करेंगे। उनकी यह योजना सफल रही, और वह प्रधान को छुड़ाने में सफल रहे। सेना विजयी होकर रोम लौटी।

उत्सव का माहौल था। सभी जनरल रथ पर बैठे हुए रोम की सड़कों से गुज़रे। उनके पीछे गाजे-बाजे चल रहे थे। उन दिनों एक रस्म यह भी थी कि सेना अपने सेनापति यानी तानाशाह सिनसिनाटस को गंदी गालियाँ देगी। सिनेट के बुज़ुर्गों ने उन्हें ताड़ के पत्तों से सजे वस्त्र पहनाए। एक सोने का पट्टा सिर पर बाँधा गया। सिनसिनाटस अपने घुटनों के बल जूपिटर मंदिर की सीढ़ियों पर चढ़ने लगे। (यही रीति उनके बाद अधिकांश विजयी राजाओं ने निभाई। यहाँ तक कि

जूलियस सीज़र भी इसी तरह घुटनों के बल मंदिर जाते थे।) रोम की जनता जोश में चिल्लाई, "तुम ही हो जूपिटर! हमारे जूपिटर!"

सिनसिनाटस ने अपना मुकुट उतारते हुए कहा, "मैं कोई देवता या राजा नहीं, मैं एक किसान हूँ। मेरा कार्य सिर्फ़ युद्ध तक था। अब मैं अपना पद त्यागता हूँ। मेरे खेत मुझे बुला रहे हैं।"

वह अपनी तानाशाही छोड़कर खेतों में लौट गए। यह क़िस्सा कुछ-कुछ जॉर्ज वॉशिंगटन की याद दिलाता है, जिन्हें यूँ ही माउंट वर्नोन के खेतों से वापस बुलाकर सेनापति बनाया गया था।

इस छोटी विजय के बाद रोम को अब बड़ी जीत की ज़रूरत थी। उनके पड़ोस में सबसे बड़े प्रतिद्वंद्वी थे एत्रुस्कन। उनसे अच्छे संबंध रहे थे, लेकिन अब रोम को अपने विस्तार के लिए उन पर चढ़ाई करनी थी। पुनः एक तानाशाह कैमिलस नियुक्त किए गए। कैमिलस कुछ अधिक कठोर सेनापति थे, जो रोम की सेना को फ़ौलादी बनाना चाहते थे। वह दस वर्ष तक एत्रुस्कन से लड़ते रहे। इस मध्य उनका एक गुप्त प्रोजेक्ट चल रहा था। वे रोम से एत्रुस्कन के गढ़ वेई तक एक सुरंग बना रहे थे। आख़िर यह सुरंग पूरी हुई, और रोमन सेना सीधे शत्रु के गढ़ में प्रवेश कर गई। इन्होंने पूरे शहर को ख़ूब लूटा, रक्तपात किए। उनके सामने प्रश्न यह था कि मंदिरों का क्या करें? वहाँ यूनो (juno) देवी का मंदिर था, जो रोमन पुरोहितों की नज़र में पवित्र था। उन देवी का वाहन था मोर। रोमन पुरोहित मानते थे कि इस युद्ध से देवी नाराज़ हैं। उनकी 'मूर्ति' से क्षमा-याचना की गई और पूजा विधियों के साथ देवी को रोम ले आया गया। उसके बाद रोमन जूपिटर देव के साथ-साथ यूनो देवी के भी पूजक बन गए।

एत्रुस्कन का गिरना रोम की विजय तो थी, मगर इसके साथ ही यह एक बड़े ख़तरे की घंटी थी। इतने वर्षों तक वीर एत्रुस्कनों ने मध्य यूरोप के एक खूँख़ार लड़ाका कबीले को जैसे-तैसे रोक रखा था। उनका न कोई राज्य था, न कोई स्थापित गणतंत्र, न कोई राजा। वे टिड्डियों की तरह झुंड में आते, और ख़ून की नदियाँ बहाकर चले जाते। सदियों का बसा-बसाया रोम नेस्तनाबूद हुआ, जब आए— गॉल (Gauls)!

❋ ❋ ❋

वे असुर थे। पाताल-लोक में रहते थे। उनके कैलेंडर में रात पहले और दिन बाद में आती थी। वे अपनी आयु भी रातों को गिनकर ही तय करते थे। गॉल (Gaul) के संबंध में ऐसी बातें स्वयं जूलियस सीज़र ने लिखी हैं। मुझे यह बात पहली नज़र में मिथकीय लगी, लेकिन मैं गॉल इतिहास पर एक किताब पलटने लगा, तो इसके पीछे का सत्य मालूम पड़ा। जूलियस सीज़र की बात अपनी जगह ठीक लगने लगी।

मैं नॉर्वे के जिस शहर में हूँ, वह खदानों का शहर था। मैं एक बार कई फ़ीट नीचे उन ऐतिहासिक खदानों में गया, जहाँ इसके इतिहास के चिह्न दिखे। आज इस शहर के अधिकांश लोग उन खदान में काम करने वालों के वंशज हैं, जो वर्षों पहले दक्षिण यूरोप से आए थे। क्या उन्हें कोई ऐतिहासिक काव्य में पाताल-लोक के वासी लिख सकता है?

हज़ारों वर्ष पूर्व कैस्पियाई सागर के निकट स्टेपी घास के मैदानों से मनुष्य न जाने कहाँ-कहाँ गए। एक समूह आज के ऑस्ट्रिया के साल्ज़बर्ग के आस-पास की घाटी में बस गया। साल्ज़बर्ग का अर्थ है 'नमक का पहाड़'। ये मानव एक झील की गहराई में जाकर पहाड़ की खुदाई करते, और नमक निकालकर लाते। सैकड़ों वर्षों तक ये इन्हीं पहाड़ों से खोदकर वह नमक निकालते रहे, जिसे सभ्यताएँ भोजन में स्वाद लाने के लिए प्रयोग करतीं। ये अँधेरे में जीवन बिताने वाले जुझारू लोग कहलाए 'केल्टिक' (Celtic)। इन्होंने न सिर्फ़ नमक, बल्कि लोहा और अन्य खनिज भी धरती की गर्भ से खोदकर निकाले। हालाँकि ये घुमंतू लोग थे, लेकिन दक्षिण यूरोप में स्थापित बस्तियाँ कहलाईं—गॉल, जिसका अर्थ था बलशाली।

ज़ाहिर है खदानों में काम करने के कारण इनका रंग कुछ मटमैला, शरीर फ़ौलादी, और सभ्यता सामाजिक मानकों से जंगली हो गई। ये जानवरों को मारकर कच्चा खा जाते, और आस-पास के समृद्ध नगरों में रात को घुसकर लूट-पाट भी करते। इस कारण उन्हें और अन्य ऐसे समूहों को मिलाकर म्लेच्छ/असभ्य (barbarians) कहा जाता। यद्यपि इनका कोई संगठित साम्राज्य तो नहीं था, किंतु

जब भी युद्ध लड़ना होता, ये एकत्रित हो जाते और टूट पड़ते। जहाँ जो भी लूटा, वह बाँट लिया। इन्हीं प्रवृत्तियों से रोम के देवताओं के समक्ष इनको पाताल-लोक के असुरों की छवि बना दी गई होगी।

रोम पर आक्रमण करने के कई क़िस्से हैं, किंतु एक क़िस्सा मुझे रोचक लगा। एक बार किसी गॉल को एक रोमन ने तोहफ़े में वाइन दे दी। वह जब वाइन लेकर कबीले में आया, तो उनको इसका स्वाद पसंद आया। वे फिर से जब वाइन लेने आए तो रोमनों ने दुत्कार दिया। गॉल कबीले भड़क उठे, और रोम की सारी शराब लूटने का मन बना लिया।

390 ईसा पूर्व की एक रात इन पाताल-वासियों ने आक्रमण कर दिया। जो सामने दिखता, उसे मारते-काटते हुए वे आगे बढ़ते गए, और रोम के क़िलों पर पहुँचकर उत्पात करने लगे। रोम वासी जान बचाकर वहाँ से भाग रहे थे, और गॉल वहाँ शराब डकारते हुए उन्माद कर रहे थे। जिस सुरंग बनाकर रोम ने अभी-अभी जीत दर्ज की थी, वही सुरंग अब उनके भागने का ज़रिया बन गई थी। 18 जुलाई की वह तारीख़ रोमन इतिहास के एक काले दिवस के रूप में दर्ज हो गई, जब गॉल ने इस संस्कृति को एक झटके में ख़त्म कर दिया। रोम के मनुष्य ही नहीं, देवताओं को भी रोम से भगा दिया गया। उनकी मूर्तियाँ लेकर देवदासियाँ 'वेस्टल वर्जिन' भाग रही थीं, और रोम के सैनिक उनकी रक्षा न कर सके। रोम को मुक्ति अब अगर कोई दिला सकता था, तो वे थे स्वयं गॉल।

❋ ❋ ❋

अगर गॉल रोमनों का सर्वनाश कर देते तो दुनिया कुछ और होती। ज़रा सोचिए कि ईसा से चार सौ वर्ष पूर्व दुनिया कैसी थी। भारत, फ़ारस, यूनान और उत्तरी अफ़्रीका में सभ्यताओं की कई खेप गुज़र चुके थे। बुद्ध और महावीर आकर जा भी चुके थे, और पाटलिपुत्र में शिशुनाग वंश का राज था। यूरोप उस समय क्या था? असभ्य गॉल, जर्मैनिक, सेल्टिक (barbarians) का समूह? जिस ग्रीको-रोमन सभ्यता की नींव पर आज की विकसित दुनिया खड़ी है, उसके लिए रोम का खड़ा होना ज़रूरी था।

आख़िर रोम को हुआ क्या था? जिन कैमिलस ने अभी-अभी एक युद्ध जीता था, उनकी सेना गॉल के डर से भाग क्यों गई? हुआ यूँ था कि जब कैमिलस ने एत्रुस्कनों के गढ़ वेई पर आक्रमण किया, तो उन्होंने सैनिकों से कहा था कि लूट का माल आपस में बाँट लेंगे। इसी उम्मीद से सैनिक पूरे जोश से लड़े थे। मगर जब वे लूटकर आए, तो सिनेट ने इस बँटवारे पर अड़ंगा लगा दिया, और कैमिलस को भ्रष्टाचारी क़रार दिया। उनके अनुसार यह संपत्ति राजकीय ख़ज़ाने में डाली जानी थी। कैमिलस को पद त्यागना पड़ा। नतीजा यह कि जब गॉल आए, तो सेना का जोश ठंडा था। वे भाग लिए।

इस मध्य गॉल भी रोम को लूटकर, शराब में धुत्त होकर, भूखे और हताश होने लगे। उन्हें तो जंगलों में शिकार कर, खदानों में जीवन बिताकर, लूट-पाट की आदत थी। इस रोम शहर में भला वे क्या करते? उनके पास अदम्य शक्ति थी, किंतु ज्ञान का अभाव था। वे शराब पीना जानते थे, बनाना नहीं। महल तोड़ना जानते थे, निर्माण करना नहीं। ऐसी प्रवृत्तियों की वजह से उनका असुर चित्रण किया गया होगा।

पहले तो रोमनों ने सोचा कि रोम त्यागकर वेई में ही बस जाया जाए, क्योंकि वह नगर गॉल ने तोड़ा नहीं था। लेकिन सिनेट ने विचार किया कि कुछ धन देकर उनसे वापस लौटने का अनुरोध किया जाए। रोमन स्त्रियों ने अपने आभूषण उतारकर सोना इकट्ठा किया। जो कुछ पुरानी लूट का ख़ज़ाना था, वह जमा किया गया। इस तरह लगभग एक हज़ार पाउंड सोना बाँधकर गॉल को रिश्वत देने की पेशकश की गई। गॉल इस डील के लिए तैयार हो गए। यूँ भी उन्हें अब रोम में बोरियत हो रही थी। हालाँकि उन्होंने सोने की माँग बढ़ा दी। क़िस्सा है कि गॉल जो अपने साथ तौलने का बटखरा लाए थे, वह रोमनों की अपेक्षा भारी था। इस कारण हज़ार पाउंड सोना तौल में कम पड़ गया। जिन्होंने कहीं कुछ छिपाकर सोना रखा था, वह भी देना पड़ा।

जब यह सोने की नाप-तौल चल ही रही थी, उसी समय कैमिलस पहुँच गए, और सिनेट सदस्यों पर बरस पड़े— "यह कैसी कायरता है? हमारा जीता हुआ धन आप इन असभ्यों को फिरौती में दे रहे हैं? यूँ तो वे हमें धमकाकर लूटते रहेंगे।"

उन्होंने सेना की ओर मुड़कर अपनी तलवार फेंकी और कहा, "Ferro, Non Auro!" (सोने से नहीं, लोहे से जीतो)

रोमन सेना अपने सेनापति को वापस देखकर जोश में आ गई। उन्होंने गॉल पर आक्रमण कर दिया। थके-हारे, बीमार गॉल अब लड़ने की स्थिति में नहीं थे। उन्होंने उस वक़्त रोम छोड़कर निकल जाना ही उचित समझा। इस बेइज़्ज़ती ने हालाँकि रोम को जगा दिया। वे अपने ध्वस्त नगर की एक-एक ईंट को फिर से जोड़ने लगे। अब उन्होंने अपना नया मंत्र बनाया— "आक्रमण ही सर्वश्रेष्ठ सुरक्षा है।" (Attack is the best defence.)

अगले एक सदी तक रोम लगातार पड़ोसी राज्यों पर आक्रमण कर अपनी सीमाएँ बढ़ाता रहा। समुद्र तट से शुरू हुआ राज्य अब आल्प्स पहाड़ों की तराई को छूने लगा था, और लगभग संपूर्ण वर्तमान इटली तक फैल चुका था। दक्षिण में भी उसने विस्तार करना शुरू किया, लेकिन इटली के आख़िरी छोर तक पहुँचकर रोमन घोड़ा बिदक गया। रोमनों ने कभी समुद्र में युद्ध करना तो क्या, एक जहाज़ बनाना भी नहीं सीखा था। जबकि उनका सबसे शक्तिशाली प्रतिद्वंद्वी तो समुद्रों का राजा था। अब मुक़ाबला असभ्य गॉल से नहीं, बल्कि कहीं अधिक सभ्य और उन्नत राज्य 'कार्थेज' से था।

❋ ❋ ❋

रोमन इतिहास पर आगे लिखने बैठा ही था कि दरवाज़े पर दस्तक हुई। कुछ बड़े कार्टन लेकर एक व्यक्ति आए, जो मेरी ही ऑर्डर की हुई एक अलमारी लेकर आए थे। उन कार्टनों से अलमारी तो नहीं निकली, ढेर सारे तख़्ते, पेंच, तुकमे निकलते गए। हर तख़्ते पर संख्या अंकित थी, और एक पुस्तिका थी कि अलमारी बनानी कैसे है। सुबह तो अलमारी बनाते ही निकल गई। ख़ैर, पसीना पोंछते हुए रोम की कहानी को दो क़दम आगे बढ़ा देता हूँ।

दक्षिण में जैसे भारत के नीचे श्रीलंका है, इटली के नीचे सिसली है। जो लोग मारियो पुजो की 'गॉडफ़ादर' पढ़ या देख चुके होंगे, वे जानते होंगे कि यह दुनिया भर के माफ़िया का गढ़ माना जाता है। कहते हैं, यहाँ बच्चा पैदा ही डॉन बनने के

लिए हुआ करता था। भूमध्य सागर में स्थित होने के कारण यह हर तरह से एक माकूल जगह थी, जहाँ से व्यापार और युद्ध दोनों नियंत्रित होते। इस पर यूनानियों का अधिकार रहा था, उसके बाद उत्तरी अफ़्रीका के कार्थेज इस पर प्रभाव डालने लगे, अब रोम यहाँ दख़ल चाहता था।

युद्ध तो होना ही था। यह ईसा से ढाई-तीन सदी पूर्व की बात है, जब आज की तरह जहाज़ नहीं बने थे। मानव-चालित लंबे नाव होते थे, जिसे 'गैली' (Galley) कहा जाता है। इसे बनाने और चलाने में उत्तर अफ़्रीकी निपुण थे। इस कारण भूमध्य सागर में लेबनान से आज के स्पेन तक की कड़ी को जोड़ने में इनकी बड़ी भूमिका थी। यह वाइकिंग और चोलों से हज़ार वर्ष पुरानी बात है, जब यूँ समुद्र में युद्ध कम हुआ करते थे। न ही कोई गोला-बारूद था, कि नौसैनिक उससे लड़ते। फिर, कैसे लड़े?

रोमनों और कार्थेज के मध्य युद्ध जिसे प्रथम प्यूनिक युद्ध कहा गया, तेईस वर्षों (264-241 ईसा पूर्व) तक चला। इसमें लड़ने के कुछ ही तरीक़े थे। पहला यह कि एक लंबी नाव आकर दूसरे को टक्कर मारती, और डुबाने का प्रयास करती। कभी-कभार वे नाव साथ लगाकर लड़ने का प्रयास करते, मगर संतुलन नहीं बन पाता। बेहतर यही था कि तेज़ी से नाव चलाते हुए, दूसरे नाव को बीच से दो फाँक कर दिया जाए। इसके लिए नावों में दोनों तरफ़ तेज़ नोक लगाए जाते। मगर, यह तो संयोग की बात थी कि कौन कैसी टक्कर मारता है। कोई बेहतर उपाय ढूँढ़ना था।

रोमनों ने एक खोज की। उन्होंने नाव पर एक पल्लेदार पुल बनाया, जो सीधे दूसरे जहाज़ पर गिराया जा सकता था। इसे 'कॉर्वस' (Corvus) या 'रैवेन' (raven) कहा गया। अब रोमन वह पुल दूसरे जहाज़ पर गिरा देते, और तलवार लेकर उसी तरह लड़ते जैसे वे ज़मीन पर लड़ते आ रहे थे। रोमन जानते थे कि वे नावों की लड़ाई में जीत न पाएँगे। इसलिए, उन्होंने इस कॉर्वस के सहारे एक जल-युद्ध को थल-युद्ध में बदल दिया। हाल में सिसली द्वीप के निकट समुद्र की तलहटी में मिले कार्थेज जहाज़ उस युद्ध की गाथा कहते हैं, जब रोमनों ने कार्थेज पर लंबे संघर्ष के बाद विजय प्राप्त की।

मेरे मन में इस युद्ध को पढ़ते हुए दो प्रश्न उठे। पहला यह कि रोमनों के कई मुक्त दास यह युद्ध और इससे पूर्व के युद्ध लड़े थे। आख़िर ये ग़ुलाम लाते कहाँ से थे? मध्य एशिया के ग़ुलाम बाज़ारों से या कहीं और से? इस पर विचित्र तथ्य मिला। इनके कई ग़ुलाम यूरोपीय गॉल थे। वही गॉल, जिन्होंने रोम को बर्बाद कर दिया था। यह कमाल का बिज़नेस था। रोमन शराब बना-बनाकर इन गॉल को बेचते, और बदले में गॉल उन्हें अपने ही लोग ग़ुलाम के तौर पर देते। उन्हीं ग़ुलामों को खेतों में लगाकर शराब तैयार होती और गॉल उसके बदले पुनः ग़ुलाम देते!

दूसरा प्रश्न यह आया कि रोमनों ने आख़िर जहाज़ बनाना सीखा किससे? इसका उत्तर और भी चौंकाने वाला है। रोमनों को कार्थेज के कुछ बहकर आए टूटे-फूटे नाव मिल गए। उन्होंने उन नावों के पुर्जे-पुर्जे अलग कर लिए। उन्होंने देखा कि कार्थेज ने बहुत ही सलीक़े से हर तख़्ते पर अंकित कर रखा था कि वह किस तख़्ते से जुड़ेगा। उन्होंने हू-ब-हू नक़ल कर नाव ऐसे बनानी शुरू कर दी, जैसे मैं आज अलमारी बना रहा था। यानी बिना किसी विशेषज्ञता के मेरे जैसे लोग भी ठोक-ठाककर जहाज़ बना लेते। काम जल्दी हो जाता। उन्होंने अपने शत्रुओं से ही उन्हें हराने का नुस्ख़ा सीख लिया!

आगे क़िस्सा है कि जब कार्थेज की सेना हारकर लौटी तो एक सेनापति के पुत्र हानिबल ने रक्त में हाथ डालकर सौगंध ली कि वह रोम का अंत कर देंगे। उन्होंने रोमनों को जल के रास्ते नहीं, बल्कि थल के रास्ते हराने का निर्णय लिया। ऐसे युद्ध की कल्पना तो रोमनों ने भी नहीं की थी, जब समुद्र पार दक्खिन में दिख रहे कार्थेज सैनिक उत्तर के आल्प्स से धमक पड़े। जैसे श्रीलंका से कोई सेना हिमालय के रास्ते आ जाए!

❋ ❋ ❋

रोम के इस प्यूनिक युद्ध में भारत की क्या भूमिका थी? ये सवाल इसलिए महत्त्वपूर्ण नहीं कि मैं भारतीय हूँ, बल्कि यह इतिहासकारों के लिए ही ज्वलंत प्रश्न रहा है। इतिहास कहता है कि कार्थेज के सेना कमांडर हानिबल उत्तर अफ्रीका से

हाथियों का दल लेकर चले, जिब्राल्टर की खाड़ी से स्पेन में घुसे, और लगभग पूरा दक्षिण यूरोप और आल्प्स के पहाड़ पार करते हुए रोम पहुँचे। सवाल यह है कि हाथी आए कहाँ से? स्वाभाविक है, अफ़्रीका से आए होंगे।

मगर यह मामला इतना सुलझा नहीं है। अफ़्रीका के हाथियों को युद्ध-प्रशिक्षण देना कठिन था। वे आकार में अपेक्षाकृत छोटे थे, और उनकी हर नस्ल पर 'हौदा' बाँधना सुलभ नहीं था। वे नदियों, दलदलों और पहाड़ी रास्तों से गुज़रने में भी उतने कुशल नहीं थे। क्या द्वितीय प्यूनिक युद्ध (ईसा पूर्व 218-201) से पूर्व यूरोप के लोगों ने हाथी देखे भी थे?

इन पंक्तियों के लिखे जाने के दो-तीन हफ़्ते पहले एक इतिहास विद्यार्थी बुज़ुर्ग इतिहासकार रोमिला थापर का साक्षात्कार फ़ेसबुक और यूट्यूब पर लाइव कर रहे थे। मैं भी सुनने लगा। वहाँ रोमिला एक 'होमवर्क' देती हैं, जो भविष्य के इतिहासकारों को करना चाहिए। वह राज़ खुलने से कई बातें खुल सकती हैं। मैं उनकी अंग्रेज़ी में कही बात को अपने शब्दों में कुछ विस्तार से लिखता हूँ।

"युद्ध में हाथियों का बृहत् प्रयोग भारत से शुरू हुआ। हाथियों के प्रशिक्षण के लिए महावत और हाथियों पर हौदा लगाना आदि में प्रवीणता रही। उसके बाद क्रमशः फ़ारस और यूनान तक भी हाथी पहुँचे, लेकिन एक 'गेम चेंजर' के रूप में यह मौर्य काल में दिखने लगा। ईसा पूर्व 305-303 में सेल्युकस निकेटर और चंद्रगुप्त मौर्य के मध्य युद्ध में संभव है कि हाथियों ने निर्णायक भूमिका निभाई। इसका एक ठोस कारण है। कंधार (गांधार) में उनके मध्य संधि हुई। पहली वैवाहिक संधि थी, जब चंद्रगुप्त मौर्य का विवाह सेल्युकस की बेटी से हुआ। दूसरी संधि युद्ध से जुड़ी थी जब चंद्रगुप्त मौर्य ने सेल्युकस को पाँच सौ हाथी दिए। क्या यह ग्रीक और भारतीय सभ्यता का मिलन-बिंदु हो सकता है? क्या ऐसे पारिवारिक संबंध बनते रहे? दो वर्ष बाद ही इप्सस के युद्ध में सेल्युकस के इन हाथियों ने शत्रुओं को रौंद दिया। क्या भारतीय हाथियों से ही यूनानी, फ़ारस, रोमन और कार्थेज के युद्धों की दशा-दिशा बदली?"

जिस तरह आज परमाणु महाशक्ति की बात होती है, उस कालखंड में हाथी महाशक्ति की बात की जा सकती है। इसके प्रशिक्षण और निर्यात में भारत की भूमिका हो सकती है। कार्थेज के सेनापति हानिबल को यह अंदेशा था कि रोमन इन हाथियों का मुक़ाबला नहीं कर सकते। वाक़ई जब उनकी सेना स्पेन के सागुंटम नगर तक पहुँची, तो उनके हाथियों का रास्ता रोकने वाला कोई न था। रोमन या किसी भी यूरोपीय सेना ने इतनी मोटी चमड़ी वाले विशालकाय जीवों को युद्ध में देखा ही नहीं था।

रोमनों को जब ख़बर मिली, तो उन्होंने यह अंदाज़ा लगाया कि ये भारी-भरकम पशु धीरे-धीरे चलते हुए रोम आने में एक साल लगा देंगे। मगर यहाँ भी वे ग़लत थे। जब तक रोमन कमांडर शिपियो दक्षिण गॉल पहुँचे, हानिबल के हाथी तेज़ी से आल्प्स पहुँच चुके थे। रोमनों ने सोचा कि हाथी पहाड़ तो न चढ़ पाएँगे, नीचे समुंदर के किनारे चलेंगे। मगर हानिबल हाथियों को लेकर पहाड़ों की चढ़ाई कर रहे थे। हालाँकि अफ़्रीका या भारत, जहाँ से भी ये हाथी आए, आल्प्स के पहाड़ों में दम तोड़ गए। संभवतः सिर्फ़ एक हाथी आख़िर तक बच पाया, जो हानिबल की सेना के साथ रोमन साम्राज्य में घुस गया।

उसके बाद रोमनों की लगातार हार होती गई। हानिबल की शक्ति और बुद्धि, दोनों अव्वल थी। वह चक्रव्यूह रचकर रोमनों को फाँसते। एक वर्ष के अंतराल में लगभग एक लाख रोमन सैनिक मारे गए। किंतु युद्ध के दौरान हानिबल अपनी एक आँख की रोशनी खो बैठे। अपने हाथी 'सुरस' पर सवार होकर, अपनी एक आँख ढककर हानिबल रोम पहुँचे। कार्थेज सेना ने रोमनों को समुद्र के रास्ते नहीं, बल्कि ज़मीन पर, पहाड़ पर, दलदलों में, हर जगह शिकस्त दे दी।

हारे हुए रोम ने निर्णय लिया कि अब वे एक तानाशाह चुनेंगे। वह तानाशाह फ़ैबियस मैक्सिमस अपने शौर्य से अधिक अपने धैर्य के लिए मशहूर हुए। उन्होंने हानिबल से सीधे लड़ने के बजाय, एक ऐसी तरकीब चुनी, जिसके कारण वह 'कंक्टेटर' (cunctator) नाम से जाने गए। इस शब्द का अर्थ था—प्रतीक्षा करने वाला या टालने वाला। रोमनों ने हानिबल को युद्ध लड़कर नहीं, युद्ध टालकर हराया।

✵✵✵

यह युद्ध सत्रह वर्षों तक चला। अपने विस्तार के आधार पर यह छोटा विश्व-युद्ध जैसा था। उत्तर अफ़्रीका से स्पेन के रास्ते आज के फ़्रांस, स्विट्ज़रलैंड, ऑस्ट्रिया, इटली, सिसली होते हुए पुनः उत्तरी अफ़्रीका तक यह एक वृत्त पूरा करता था। इसमें थल सेना और नौसेना लड़े, पैदल सेना, घुड़सवार और हाथी लड़े; गॉल, जर्मैनिक, अफ़्रीकी, यूनानी, रोमन, एत्रुस्कन, सिसिलियन और कई छोटे-मोटे समूह लड़े। डेढ़ लाख से अधिक मृत्यु हुई।

एक तरफ़, इस युद्ध ने रोम को भूमध्य सागर और यूरोप की सत्ता दिला दी। दूसरी तरफ़, रोमन गणतंत्र पर प्रश्न उठने लगे। जब तानाशाह चुनकर ही युद्ध जीते जा सकते थे, तो बेहतर यही था कि तानाशाह राजा ही चुन लिया जाए। गणतंत्र की क्या ज़रूरत?

रोमन तानाशाह फ़ैबियस मैक्सिमस ने सीधे लड़ने के बजाय गुरिल्ला युद्ध का रास्ता चुना। हानिबल स्वयं चक्रव्यूह रचने के उस्ताद थे। वह जाल बिछाकर रोमनों को घेर लेते, और मार डालते। ख़ासकर कैने की लड़ाई में पचास हज़ार रोमन मारे गए। हालाँकि उसी वर्ष रोमन जनरल मार्सेलस ने कापुआ में हानिबल को शिकस्त दी, लेकिन कुल मिलाकर युद्ध के पहले दशक में हानिबल का पलड़ा भारी रहा।

रोम की इस लगातार हार से जो उनके पुराने जीते हुए क्षेत्र थे, वहाँ भी रोमनों का भाव घटने लगा। मसलन सिसली द्वीप ने 214 ईसा पूर्व में स्वयं को रोम का हिस्सा मानने से मना कर दिया। जनरल मार्सेलस की सेना जब उन पर हमला करने पहुँची, तो रोमन जहाज़ों पर आसमान से पत्थर गिर रहे थे। एक बड़े गुलेल जैसा यंत्र जहाज़ों को समुद्र में ही उलट दे रहा था। सिसली बिना सेना के ही अपने विचित्र पुली और लीवरों से रोमनों को मात दे रही थी। जैसे-तैसे तीन वर्ष के बाद सिसली पर क़ाबू पाया जा सका, तो पता लगा कि यह सारी तरकीब वहाँ बैठे एक ग्रीक गणितज्ञ ने लगाई थी। उन्होंने ऐसे लीवर बनाए थे, जो रोमन जहाज़ों पर चट्टानों की वर्षा करते। वह व्यक्ति तो ख़ैर यहाँ तक दावा करते थे कि अगर

उन्हें पृथ्वी से बाहर जगह दी जाए तो वह पृथ्वी को उठा सकते हैं। किंवदंती है कि जब मार्सेलस के सैनिक उन्हें गिरफ़्तार करने पहुँचे, तो वह कोई प्रमेय हल करने में व्यस्त थे। उन्होंने कहा कि वह हल करने के बाद ही कहीं जाएँगे। क्रोधित होकर उस सैनिक ने उन्हें मार डाला। सिसली द्वीप को तीन साल तक रोमनों से बचाने वाले वही थे जो कभी उछाल ('buoyancy') की खोज करने पर 'यूरेका यूरेका' करते हुए नंगे भागे थे। उन आर्किमिडीज़ नामक यूनानी वैज्ञानिक को भला कौन नहीं जानता?

उस वर्ष 211 ईसा पूर्व में स्पेन के मोर्चे पर रोमनों को फिर से शिकस्त मिल रही थी। वहाँ रोमन जनरल शिपियो बंधु कमान सँभाल रहे थे, मगर दोनों मारे गए। उनके चौबीस वर्षीय पुत्र पब्लियस शिपियो को कमान दी गई। उन्होंने आख़िर कार्थेजियन को मात दी, और वहीं से हानिबल की उल्टी गिनती शुरू हुई। चूँकि स्पेन के रास्ते ही हानिबल की सेना के हथियार आ रहे थे, शिपियो की जीत के बाद वह रास्ता बंद होने लगा। स्पेन वासियों ने इस युवा जनरल शिपियो को अपना राजा घोषित कर दिया। चूँकि रोम में राजा शब्द प्रतिबंधित था, उन्होंने एक नई उपाधि का आविष्कार किया, जो बाद में रोम के विजेता जनरलों के लिए प्रयोग होने लगा। शिपियो को मिली यह उपाधि कहलाई 'इंपरेटर' (imperator)। यह पदवी रोम में गणतंत्र के ख़त्म होने की दस्तक थी। उन्हें शायद उस वक़्त अंदेशा नहीं था कि 'इंपरेटर' आ गए तो 'एम्परर' (emperor) भी आ ही जाएँगे।

❋ ❋ ❋

भूमध्य सागर के बीचोंबीच पाल्मा नामक द्वीप पर क्षितिज निहारते हुए मैं सोच रहा था कि एक तरफ़ यूरोप है, दूसरी तरफ़ अफ़्रीका। कौन अधिक समृद्ध है? आज का सच तो हम जानते हैं, ढाई हज़ार वर्ष पूर्व उत्तरी अफ़्रीका का पलड़ा भारी था। जब रोम के रईस समुद्र के दूसरी ओर कार्थेज (वर्तमान ट्यूनिशिया) का वैभव देखते, उनकी आँखें चौंधिया जातीं। मोतियों की माला पहने व्यापारी। सोने के गहने पहने स्त्रियाँ। ऊँचे पक्के मकान। चौड़ी सड़कें। कार्थेज एक पूँजीवादी समृद्ध राज्य था, जहाँ अधिकांश व्यापारी रहा करते थे। उनके अपने मंदिर और देवियाँ

थीं, अपना गणतंत्र था। उनके पास इतना धन था कि वे दो दशक तक रोमनों से युद्ध का ख़र्च वहन करते रहे।

वहीं रोम एक सामंतवादी गणतंत्र था, जिनका प्रमुख उद्योग कृषि और उससे जुड़े उद्योग जैसे शराब बनाना था। रोम का धन कुछ विशिष्ट लोगों के पास केंद्रित था। ज़ाहिर है जितनी ख़ुशहाली कार्थेज़ में थी, उतनी रोम में नहीं थी। भले ही कुछ लोग बहुत ही अधिक रईस थे। जो 'सेंट्रल हीटिंग' आज यूरोप में दिखती है, वह अपने ढंग से रोम के रईसों ने बना ली थी। वहाँ एक आग की भट्ठी से दीवारों के साथ बने खोखले स्तंभों को गरम किया जाता, जिससे पूरा घर गरम रहता। उनके स्नानागारों में भी ऐसी व्यवस्था थी। अपना वैभव बढ़ाने के लिए रोम को कार्थेज पर विजय पानी ही थी।

ईसा पूर्व 207 में हानिबल के भाई हस्द्रुबल एक विशाल सेना लेकर इटली की ओर बढ़ने लगे। मेटॉरस नदी के किनारे उनकी रोमन सेना से भिड़ंत हुई, जिसमें हस्द्रुबल मारे गए। विजयी रोमन जनरल नीरो हस्द्रुबल का कटा हुआ सिर कार्थेज छावनी के आगे एक खूँटे पर लगा आए। संकेत स्पष्ट था कि अब लड़ाई आक्रामक होगी। स्पेन के विजेता जनरल शिपियो ने भी ठान लिया कि अब कार्थेज के घर घुसकर हमला करेंगे। कुछ हज़ार की सेना लेकर ही वह ईसा पूर्व 202 में अफ़्रीका में दाख़िल हो गए। वहाँ ज़ामा नामक स्थान पर कार्थेज़ के हाथी-सेना ने रोमनों पर आक्रमण कर दिया। मगर इस बार शिपियो की रणनीति तैयार थी। उन्होंने ज़ोर-ज़ोर से बिगुल बजाना शुरू किया, जिसे सुनकर हाथी बदहवास होकर भागने लगे और उन्होंने अपनी ही सेना को रौंद दिया।

हानिबल को जब ख़बर मिली, वह इटली से सेना लेकर अपना घर बचाने अफ़्रीका की ओर भागे। लेकिन, यहाँ रोमनों ने उनको चक्रव्यूह में फाँस लिया। एक कनिष्ठ रोमन कमांडर टाइबेरियस कार्थेज का क़िला भेदने में सफल हुए। हानिबल की सेना बुरी तरह मारी गई, और स्वयं हानिबल जैसे-तैसे जान बचाकर भागे। आख़िर रोमनों की न सिर्फ़ जीत हुई, बल्कि कार्थेज पर उन्होंने ढेरों जुर्माने और प्रतिबंध लगा दिए। भूमध्य सागर पर रोम का क़ब्ज़ा हो गया। रोम ने अपनी

ईर्ष्या को बुझाने के लिए उस पूरे कार्थेज नगर को नेस्तनाबूद कर दिया। एक ऐतिहासिक संस्कृति हमेशा के लिए ख़त्म हो गई। कार्थेज ख़ून से सन गया और इस तरह भूमध्य सागर के दोनों किनारों पर रोम का क़ब्ज़ा हो गया।

रोमन साम्राज्य अब पूरे दक्षिण यूरोप में फैल चुका था। इटली से स्पेन और उत्तर अफ़्रीका तक उनकी सत्ता थी। गॉल और अन्य यूरोपीय समुदाय आज के फ़्रांस, जर्मनी-ऑस्ट्रिया के जंगलों में सिमट गए। इस युद्ध के बाद रोम विश्व-महाशक्ति बन गई। अब उनकी नज़र पूरब की ओर थी। यूनान की ओर। वहाँ क्या चल रहा था?

यूनान को तो फ़ारस की सेना ने ईसा पूर्व पाँचवीं सदी में ध्वस्त कर दिया था। सभी मंदिर तोड़ दिए थे। जब सिकंदर आए, तो उन्होंने यूनान को एकीकृत कर फ़ारस के ख़िलाफ़ जंग छेड़ा। वहाँ के राजा दारा तृतीय को शिकस्त देकर पूरे मध्य एशिया और मिस्र पर अपना राज क़ायम किया। मगर सिकंदर तो ईसा पूर्व 323 में ही चल बसे, यूनान पुनः बिखर गया। मिस्र अलग, मैसिडोनिया अलग, मध्य एशिया अलग। सबके अपने-अपने राजा, और आपसी षड्यंत्र। यह बिखरा हुआ यूनान तो जैसे रोमनों का ही इंतज़ार कर रहा था।

द्वितीय प्यूनिक युद्ध के बाद ही रोमनों ने यूनान पर आक्रमण शुरू कर दिए। ख़ासकर ईसा पूर्व 190 में जब रोमन सेना यूनान में घुसी, तो मालूम पड़ा कि उनके पुराने शत्रु हानिबल भी वहीं छिपे बैठे हैं। जब तक रोमन सेना काला सागर के निकट उनके ठिकाने तक पहुँचती, हानिबल ने आत्महत्या कर ली। कार्थेज के वह आख़िरी नायक मरते दम तक रोमनों के हाथ नहीं आए। अगले सात सौ वर्षों में रोमन साम्राज्य ने यूनान को पूरी तरह पचाकर एक 'ग्रीको-रोमन संस्कृति' को जन्म दिया।

❋ ❋ ❋

कार्थेज के नायक टाइबेरियस सर्वहारा वर्ग से थे। वह युद्धों में सैनिकों की स्थिति और रोमन साम्राज्य की ग़रीबी देखकर चिंतित थे। लेकिन एक सेना के कमांडर के हाथ में ऐसी चीज़ें थीं नहीं। उन्होंने चुनाव लड़ने का फ़ैसला लिया, और

गाँव-गाँव जाकर कहा कि वह ज़मींदारी ख़त्म कर देंगे। वह भारी मतों से 'ट्रिब्यून' (सर्वहारा प्रतिनिधि) चुन लिए गए। संसद पहुँचते ही उन्होंने ज़मींदारी समाप्ति का प्रस्ताव रख दिया। उन्होंने कहा, "एक पशु के पास भी रहने के लिए गुफ़ा होती है, लेकिन आज रोम के ग़रीबों के सिर पर छत नहीं है। अपनी ज़मीन नहीं है। और यहाँ इस संसद में बैठे लोग वैभव से जी रहे हैं। क्या हम अपनी ज़मीन का हिस्सा ग़रीबों को नहीं दे सकते?"

कुलीन वर्ग को यह प्रस्ताव तनिक भी नहीं भाया। संसद द्वारा टाइबेरियस पर अभियोग लगाया गया कि वह सर्वहारा के समर्थन से एक तानाशाह राजा बनना चाहता है। उनका कहना था कि उसके कारण गणतंत्र ख़तरे में है। टाइबेरियस और उनके तीन सौ सहयोगियों को पकड़कर, पीट-पीटकर मार डाला गया। उनके छोटे भाई गेयस अगला चुनाव जीतकर आए। उन्होंने टाइबेरियस के प्रस्ताव को अधिक क्रांतिकारी अंदाज़ में आगे रखा। उन्हें मारने के लिए भी कुलीन वर्ग के लोगों ने अपने गुर्गे भेज दिए। उनके पहुँचने से पहले उन्होंने आत्महत्या कर ली। ज़मींदारी क़ायम रही।

टाइबेरियस सेंपोनियस ग्रैकस संभवतः यूरोप या दुनिया के पहले समाजवादी कहलाते, मगर उस समय समाजवाद और मार्क्सवाद जैसे भारी-भरकम नाम उपजे ही नहीं थे।

गणतंत्र जब बड़ा होता है, तो उसे सँभालना कठिन हो जाता है। इतने बड़े राज्य को सँभालता कौन? कैसे सँभालता? आय-कर संरचना कैसी होती? सेनाएँ कैसे बाँटी जातीं? कुछ भी तो तय नहीं था। रोमन गणराज्य में यह माहौल उपयुक्त था एक शाश्वत चीज़ के लिए—भ्रष्टाचार! लोग पैरवी लगाकर इन प्रांतों के गवर्नर बनने लगे। वहाँ जाकर ख़ूब कमाते, और रोम के ख़ज़ांची को कहते— 'यह प्रांत तो ग़रीब है। यहाँ धेला भी हाथ नहीं लगता, सब प्रशासन में ही ख़र्च हो जाता है।'

रोमन इतिहासकार सिसरो एक गवर्नर वेरस की चर्चा करते हैं, जिन्होंने पहले वर्ष की कमाई अपने लिए रखी, दूसरे वर्ष की कमाई वकीलों को दी, तीसरे वर्ष की कमाई भ्रष्ट न्यायाधीशों को रिश्वत दी, रोम के ख़ज़ाने में कुछ नहीं आया। मुमकिन

है कि यह सुनकर आज के नेता स्मरण आ जाएँ। यह भ्रष्टाचार मानव इतिहास में तब से है, जब से पूँजी है, शक्ति है, अव्यवस्था है।

रोमन अपने छह गुणों पर गर्व करते थे—साहस, धर्मनिष्ठा, गंभीरता, दृढ़ता, आत्म-नियंत्रण और (स्त्रियों का) शर्म-लिहाज़। ये छह के छह गुण ध्वस्त होने लगे। न सिर्फ़ गवर्नरों या रईसों में, बल्कि भ्रष्टाचार ऊपर से नीचे तक हर वर्ग में किसी विषाणु की तरह पसरने लगा। हर कोई रिश्वत ले-देकर काम करवाने लगा। पिसने लगी ग़रीब जनता।

प्यूनिक युद्ध से लगभग ढाई लाख ग़ुलाम लाए गए थे। इन ग़ुलामों के आने के बाद खेतों और बाज़ारों में रोमन ग़रीब जनता के लिए वैतनिक कार्य नहीं बचा। यूनान से शिक्षक आने लगे, जिन्होंने रोमन बच्चों को यूनानी मूल्य देने शुरू किए। यूँ तो यूनानी शिक्षा बुरी नहीं थी, लेकिन यह रोमन सामाजिक नीतियों और मूल्यों से अलग थी। रोमनों के बच्चे ग्रीक होते जा रहे थे। दूसरी तरफ़ इस बड़े साम्राज्य में कई नए और विचित्र पंथ आ गए थे। सबके अपने देवी-देवता और अपने व्यवहार थे। कुछ मानव-बलि देते, कुछ यौन-संबंधों से साधना करते। रोमन भी उनकी तरफ़ खिंचे जा रहे थे, और अपने देवी-देवताओं से दूर हो रहे थे। ख़ासकर एक बैकिक पंथ का ज़िक्र आता है, जो इतने प्रभावी थे कि आख़िर रोमन सिनेट ने उनके सभी अनुयायियों को मार डालने का आदेश दिया।

कुछ पक्के रोमन विचारक भी आए। जैसे एक हुए कैटो (ईसा पूर्व 234-149)। उन्होंने प्यूनिक युद्ध के नायक शिपियो पर भ्रष्टाचार के आरोप लगा दिए, और सभी युद्धों के हिसाब माँगे। शिपियो ग़ुस्से में नाक फुलाते हुए रोम छोड़कर चले गए, और कहा कि उन्हें इस कृतघ्न रोम में न दफ़नाया जाए। कैटो न सिर्फ़ आर्थिक भ्रष्टाचार ख़त्म करने आए थे, बल्कि यूनानी प्रभाव से भी रोमनों को मुक्त करना चाहते थे। एक रसूख़दार व्यक्ति पर उन्होंने इसलिए जुर्माना लगा दिया क्योंकि वह अपनी पत्नी को सार्वजनिक रूप से गले लगा रहे थे। उन्होंने कहा कि ये यूनानी हमारी स्त्रियों का शर्म-लिहाज़ ही ख़त्म कर रहे हैं।

हालाँकि यूनानियों के प्रभाव में रोमनों ने ख़ूब लिखना-पढ़ना शुरू किया। कविताएँ रचना, इतिहास लिखना, नाटक लिखना, यह सब इसी काल में शुरू

हुआ। जब इतिहास और कविताएँ लिखी जाती हैं, तो मानव-संवेदना भी उमड़ने लगती है। ग़ुलामों को स्वतंत्रता दिखने लगती है, घरों में बंद स्त्रियों को मुक्ति। यूनानी शिक्षा से एक बुद्धिजीवी वर्ग तैयार होने लगा, जो रोमनों की सत्ता को हिलाने वाला था।

जनता अब इस भ्रष्टाचार से पक चुकी थी। बाज़ारों में यह चर्चा हो रही थी कि रोम में अब एक भी ईमानदार व्यक्ति नहीं बचा। एक फ़ौजी जनरल मारियस ने जनता के मध्य खड़े होकर कहा, "ये कुलीन अपने पूर्वजों की संपत्ति पर मौज कर रहे हैं। भ्रष्टाचार में डूब चुके हैं। मैं एक ग़रीब परिवार में पैदा हुआ। मेरे पास नौकर नहीं हैं, रसोइया नहीं है, तो ये मुझे असभ्य कहते हैं। मेरे और आपके अंदर रोम का रक्त और पसीना है।"

मारियस की लोकप्रियता देखते हुए सिनेट को उन्हें प्रधान चुनना पड़ा। मारियस की ख़ासियत थी कि वह सेना में किसी सेनापति की तरह नहीं रहते। बल्कि सभी के साथ बैठकर खाना बनाते, गड्ढे खोदते, तंबू गाड़ते। ऐसा रोमनों ने कभी देखा नहीं था कि रोम का प्रधान यूँ उनके साथ बैठकर गप्पें लड़ा रहा हो। अब सेनापतियों के हाथ में शक्ति केंद्रित हो रही थी, और सिनेट भ्रष्ट नेताओं की मंडली बनकर रह गई थी।

जल्द ही रोम में कुशल सेनापतियों की परीक्षा की घड़ी भी आ गई। इस बार जर्मैनिक कबीले लूट-पाट करते हुए रोमन साम्राज्य में हर दिशा से घुस रहे थे। वे शराब हाथ में लिए, ठहाके मारते हुए किसी आसुरी सेना की तरह आ रहे थे और इतालवी लोगों को कह रहे थे, "अपनी बीवी-बेटियों को कोई आख़िरी संदेश देना है तो दे दो, मिलना-जुलना हो तो मिल लो। हम उन्हें लेने आए हैं।"

जर्मैनिक कबीलों ने ख़ूब रक्तपात किया, मगर रोमन सेना ने उन्हें अंततः मार भगाया। मारियस और उनके सहयोगी सुल्ला इस युद्ध के नायक कहलाए। अब इन दो नायकों के मध्य रक्त-पात होने वाला था। ऐसा अकल्पनीय युद्ध जब रोम पर रोमन सेना ने ही आक्रमण कर दिया।

***

रोम भले ही साम्राज्य बन गया, यूनान से स्पेन तक फैल गया, मगर वहाँ का गणतंत्र अब भी राजधानी रोम तक ही सिमटा था। हद तो यह कि इतालवी और लातिन लोगों को भी सिनेट के लिए मत डालने का अधिकार नहीं था। कहावत है—All roads lead to Rome (सारे रास्ते रोम की तरफ़ जाते हैं)। रास्ते ही क्या, सारी पूँजी, सारी शक्ति रोम नगर में ही सिमटी थी। विद्रोह तो होना ही था।

इतालवी विद्रोही एकजुट हुए और उन्होंने रोमन सेना को पराजित कर दिया। आख़िर जैसे-तैसे मारियस और सुल्ला ने मिलकर विद्रोह दबाया और एल. सीज़र नामक सिनेटर ने यह प्रस्ताव रखा कि इतालवियों को नागरिकता दी जाए। ईसा पूर्व 84 में उन्हें नागरिकता मिल गई। मगर विद्रोह तो अब साम्राज्य के हर कोने में हो रहे थे। मध्य एशिया (Asia Minor) के राजा मित्रिडेटस ने रोमनों की सत्ता से इंकार करते हुए उस इलाक़े में रह रहे लगभग अस्सी हज़ार इतालवियों को मार डाला। उनका दमन करने के लिए जब मारियस जाने लगे, तो सिनेट ने उनके बदले सुल्ला को भेजने की बात कही। मारियस ने भड़ककर जनता का आह्वान किया, और अपने तमाम विपक्षियों को एक-एक कर मारना शुरू किया। सिनेटरों को धमकाकर चुप किया। यह ख़बर सुनकर सुल्ला ने रोमन सेना लेकर रोम पर ही आक्रमण कर दिया। जब उनकी सेना रोम आई, तो मारियस-समर्थक रोम वासियों ने उन पर पत्थर फेंके। सुल्ला ने उनके घर जला डाले। आख़िर मारियस को रोम छोड़कर भागना पड़ा, सुल्ला ने रोम पर क़ब्ज़ा कर लिया।

मामला अभी ख़त्म नहीं हुआ। जब सुल्ला अपनी सेना लेकर मध्य एशिया की तरफ़ निकले, मारियस ने लौटकर पुनः रोम पर क़ब्ज़ा कर लिया। सुल्ला के घर को आग लगा दी, और उनके बीवी-बच्चे भागे-भागे एथेंस पहुँचे। सुल्ला ग़ुस्से में वापस रोम लौटने की तैयारी कर ही रहे थे, कि ख़बर आई मारियस शराब पीते-पीते मर गए।

ईसा पूर्व 83 में जब सुल्ला रोम लौटे तो वहाँ फिर से उनके ख़िलाफ़ माहौल बना हुआ था। मारियस के समर्थकों ने उनका रास्ता रोक लिया। मारियस के पुत्र स्वयं नेतृत्व कर रहे थे। उस समय सुल्ला का साथ दो बाईस-तेईस वर्ष के

महत्त्वाकांक्षी युवाओं क्रैसस और पोम्पे ने दिया। इन दोनों ने सेना संगठित कर सुल्ला को विजय दिला दी। मारियस के पुत्र को मौत के घाट उतारा। विरोधियों की एक सूची बनाई गई, जिसमें अधिकांश मारियस समर्थक थे। उन सबको मार डाला गया। सुल्ला ने स्वयं को तानाशाह घोषित कर दिया।

इन घटनाओं ने यह सिद्ध कर दिया था, कि अब सिनेट सिर्फ़ मूक दर्शक रह गई थी। अब रोम में शक्ति उसी के पास थी, जिसके पास सैन्य-कौशल था। जनता भी यह समझ चुकी थी, और वह अपनी विद्रोही सेना बना रही थी। ईसा पूर्व 73 में एक यूनानी ग़ुलाम ग्लैडिएटर स्पार्टाकस ने ग़ुलामों की एक फ़ौज खड़ी कर दी, और रोमन सेना को हराते हुए आल्प्स पहाड़ों की ओर बढ़ने लगे। उनका उद्देश्य रोम को हराना नहीं, बल्कि रोमन सीमा पार कर आज़ाद होना था।

सिनेट ने क्रैसस को उन्हें दबाने भेजा, मगर स्पार्टाकस की सेना के सामने रोमन सेना टिक नहीं पा रही थी। स्पार्टाकस एक कुशल रणनीतिकार सेनापति थे। क्रैसस भले ही रोम के सबसे धनी व्यक्ति थे मगर सैन्य-कौशल में कमज़ोर थे। वह तो सिर्फ़ यह चाहते थे कि इस जीत का श्रेय पोम्पे को न मिले। पोम्पे उस समय स्पेन में एक अन्य विद्रोह से जूझ रहे थे। जब उन्हें ख़बर हुई, तो वह भी स्पार्टाकस को हराने निकल पड़े। ग़ुलामों की सेना आल्प्स पहाड़ पार करने लगी थी, जब पोम्पे ने उनका रास्ता रोक लिया। सील नदी के किनारे निर्णायक युद्ध हुआ, जिसमें स्पार्टाकस की सेना हार गई। क़िस्सा है कि रोम से लेकर कापुआ तक छह हज़ार विद्रोही ग़ुलामों को सूली पर लटकाया गया, ताकि फिर कभी कोई ऐसी जुर्रत न करे। स्पार्टाकस की लाश नहीं मिल सकी। उनका प्रामाणिक इतिहास भले कम लिखा गया, मगर उन पर कई फ़ंतासी फ़िल्म और सीरीज़ ज़रूर बन गए।

पोम्पे ने उचित ही इस जीत का श्रेय लिया। क्रैसस मन ही मन घुटने लगे। उन दोनों की नज़र अब रोम की सत्ता पर थी, लेकिन राजनीति बहुत उलझी हुई चीज़ है। सत्ता के लिए इन दोनों को मिलकर किसी तीसरे व्यक्ति से हाथ मिलाना पड़ा। वह नाम कोई अनसुना नाम नहीं। जूलियस सीज़र!

**चित्र**: रोमस और रेम्युलस भेड़िए का दूध पीते हुए

**चित्र**: गॉल की रोम पर विजय और तौल कर सोने की रिश्वत

**चित्र**: रोम और कार्थेज

**चित्र**: जूलियस सीजर की हत्या

# सीज़र

*"मित्रो! रोमवासियो! देशवासियो! मेरी बात ध्यान से सुनें। मैं आज सीज़र को दफ़नाने आया हूँ, उनकी प्रशंसा करने नहीं। एक व्यक्ति के द्वारा की गई बुराई उसके बाद भी क़ायम रहती है, अच्छाई अक्सर अस्थियों के साथ दफ़न हो जाती है। यही सीज़र के साथ भी हो।"*

*[Friends, Romans, countrymen, lend me your ears; I come to bury Caesar, not to praise him. The evil that men do lives after them; The good is oft interred with their bones; So let it be with Caesar.]*

— **एंटनी** (विलियम शेक्सपियर के नाटक 'द ट्रैजेडी ऑफ़ जूलियस सीज़र' में)

मैंने भोजन की मेज़ पर, यात्राओं में, शराबख़ाने में, गाहे-बगाहे यूरोपीय लोगों से जूलियस (यूलियस) सीज़र के बारे में बात की। पूछा कि वे क्या सोचते हैं। कुछ मुस्कुराए, कुछ गंभीर हुए, कुछ हँसने लगे, कुछ सोचने लगे, कुछ को ख़ास कहना नहीं था। यह नाम सिर्फ़ रोम या इटली से नहीं जुड़ा, यह संपूर्ण पाश्चात्य सभ्यता का एक सूत्र है। रूस में सीज़र से ज़ार शब्द की उत्पत्ति हुई तो जर्मनी (प्रशिया) में कैसर की। इस एक नाम से न जाने कितने लोगों ने कितने वर्षों तक राज किया।

लेकिन, ताज्जुब इस बात का है कि इस नाम के मूल व्यक्ति ने बमुश्किल पाँच बरस से कुछ ही अधिक एकछत्र शासन किया। भला इन पाँच वर्षों में ऐसा क्या कर गए कि इक्कीस सदियों बाद भी यह नाम गूँज रहा है? किताबों से इतर जनमानस को समझकर यही लगता है कि सीज़र कोई आदर्श व्यक्ति नहीं थे। लेकिन, उन बेईमान, कूटनीतिज्ञ, और भ्रष्ट व्यक्ति को ही दुनिया ने आदर्श बना लिया। एक पाँच साल के बच्चे को सीज़र की कहानी से दूर रखना चाहिए, मगर जब वह बड़ा हो

जाए और उसे इस दुनिया में जीने की डगर तलाशनी हो, उस समय शायद जूलियस सीज़र काम आएँ। सीज़र के जीवन से मिलेगी 'स्ट्रीट-स्मार्ट' बनने की और भीड़ में आगे निकलने की बुद्धि। रसातल से शीर्ष पर पहुँचने की बुद्धि। हार को जीत में बदलने की बुद्धि। ख़ाली फटी जेब को नोटों से भरने की बुद्धि। बँधे हाथों से आक्रमण की विधि। पासा ('dice') चलने की बुद्धि, और उसे पलटने की बुद्धि।

हालाँकि भारतीयों के लिए कूटनीति कोई नई चीज़ नहीं, और सीज़र से सदियों पूर्व ही कौटिल्य आ चुके थे। पंचतंत्र भी लिखा जा चुका था। साम, दाम, दंड, भेद की स्थापनाएँ मौजूद थीं, और प्रयोग होते रहे थे। लेकिन, उसमें जूलियस सीज़र को जोड़ देने से आज की पश्चिम-संचालित विश्व-राजनीति की जड़ें समझने में सुविधा होगी। 'क्रोनी-कैपिटलिज़्म' जैसे भारी-भरकम शब्दों की मुहर मिल जाएगी। लोकतंत्र के सभी 'लूप-होल' एक साथ उभरकर दिख जाएँगे। जनता की ताक़त का दुरुपयोग किस हद तक जा सकता है, एक व्यक्ति को देवता बना दिए जाने से क्या होता है, कई तानाशाहों की कुंडली निकलकर आ जाएगी। सीज़र जैसा बनने से अधिक सीज़र की ग़लतियाँ समझी जा सकती हैं। जैसा ऊपर एंटनी का कथन कहता है कि सीज़र की अच्छाई तो उनकी अस्थियों के साथ चली गई। उनकी बुराई दुनिया में न सिर्फ़ क़ायम रही बल्कि गुणात्मक रूप से बढ़ती गई। वह काली छाया आज भी दुनिया पर मँडरा रही है।

जब जूलियस सीज़र जवान हो रहे थे, उस समय रोम की सत्ता के लिए उनके फूफा मारियस और महत्त्वाकांक्षी सुल्ला के मध्य द्वंद्व चल रहा था। वहीं क्रैसस और पोम्पे नामक दो व्यक्ति रोम की गद्दी के लिए तिकड़म लगा रहे थे। उन अपरिपक्व सीज़र को शायद अपनी मंज़िल दिख नहीं रही थी। अगर दिख जाती तो वह उसे जीतकर कहते— 'वेनी विडी विची'! (Veni, Vidi, Vici!) मैं आया, मैंने देखा, मैंने जीता!

❋ ❋ ❋

जूलियस सीज़र के बचपन पर कुछ प्रामाणिक मिलना कठिन है। वजह यह कि जूलियस सीज़र पर अधिकांश बातें स्वयं जूलियस सीज़र ने लिखीं। बचपन पर कम लिखा, मगर यह बात बार-बार कही कि वह साक्षात् वीनस देवी के ही

रक्त-वंशज हैं। रोमन इतिहास में वह पहले चलते-फिरते पुरुष हुए, जिनको देवता का दर्जा दिया गया और पूजा हुई। नेपोलियन तो स्वयं को उनका अवतार मानते ही थे। कुछ वर्ष पूर्व एक उत्साही व्यक्ति ने व्लादिमीर पूतिन की तस्वीर को हू-ब-हू जूलियस सीज़र से मिलाकर उनका अवतार कहा। अव्वल यह कि उसी ने डोनाल्ड ट्रंप को रोमन सम्राट नीरो का अवतार कहा!

अफ़वाहों का मज़ा लें, और मुद्दे पर लौटने से पहले एक और शिगूफ़ा। कहा जाता है कि सीज़र या उनके किसी पूर्वज का जन्म पेट काटकर हुआ। कुछ लोग कहते हैं कि सिज़ेरियन शब्द काटने (लातिन—caedere) से जन्मा है, मगर एक बड़ा तबक़ा इसे जूलियस सीज़र से जोड़ता है। इस एक शब्द से पूरी दुनिया जुड़ जाती है। अनगिनत लोगों से जब पूछा जाता है कि कैसे जन्मे, तो वे जाने-अनजाने कह जाते हैं— सिज़ेरियन। इसका अर्थ बनता है कि वे ऐसे ही पैदा हुए, जैसे जूलियस सीज़र।

सीज़र के पिता और चाचा, दोनों ही सांसद थे। उनका उपनाम भी सीज़र था, तो क्या पूरा ख़ानदान पेट काटकर ही पैदा हो रहा था? ऐसी बेतुकी बातों को ख़ारिज कर देना चाहिए। जूलियस सीज़र की पैदाइश ईसा से एक सदी पूर्व जिस महीने में हुई, उस महीने का नाम हमेशा के लिए पड़ गया—जुलाई (जूलियस से)।

सीज़र के फूफा मारियस एक क़ाबिल सेनापति और प्रधानमंत्री (कॉन्सल) थे, तो जूलियस का बचपन वैभव में बीता होगा। लातिन और ग्रीक में अच्छी शिक्षा हुई होगी। उनकी भाषा पर पकड़ और धर्म के ज्ञान की तारीफ़ रोमन विद्वान सिसरो ने भी की है (जो अन्यथा उनके आलोचक/शत्रु रहे)। उन दिनों पारंपरिक शिक्षा के साथ-साथ युद्ध-ज्ञान भी दिया जाता, और सीज़र के एक कुशल योद्धा होने पर कोई शंका नहीं।

हमने यह पढ़ा कि सुल्ला किस तरह मारियस को धकियाकर रोम के प्रधानमंत्री बने। मारियस और उनके समर्थकों को रोम छोड़कर भागना पड़ा। पहली बार जब सीज़र का परिवार भागा होगा, उस समय जूलियस महज़ नौ वर्ष के थे। जब मारियस ने लौटकर वापस गद्दी पाई, उस समय जूलियस तेरह वर्ष के थे। तीन साल बाद उनके पिता की मृत्यु हो गई। युवा जूलियस पर परिवार की

ज़िम्मेदारी देख उन्हें जूपिटर मंदिर का पुरोहित बना दिया गया, और प्रधानमंत्री (कॉन्सल) सिन्ना ने अपनी बेटी उनसे ब्याह दी।

लेकिन, जूलियस को यूँ पुरोहित बनकर मंदिर में जीवन नहीं काटना था। उन्हें रोम की गद्दी तक पहुँचना था, जो पुरोहित के लिए मुमकिन ही नहीं था। रोम में प्रधानमंत्री पद तक पहुँचने के लिए कई प्रशासनिक सीढ़ियाँ पार करनी होतीं, जिसे 'कर्सस ऑनोरम' (cursus honorum) कहा जाता। उसमें बयालीस वर्ष की न्यूनतम आयु के साथ सैन्य कौशल और विजय एक मुख्य अर्हता बन गई थी। वहीं एक पुरोहित को सेना तो क्या, घोड़ा छूने की भी मनाही थी। क़ानूनन पुरोहित अपने बिस्तर के बाहर तीन रात और रोम के बाहर एक रात भी नहीं बिता सकता था। जल्द ही रास्ता निकल आया। हालाँकि यह रास्ता काँटों भरा था।

मारियस की मृत्यु हो गई और उनके शत्रु सुल्ला रोम के तानाशाह बन बैठे। उन्होंने मारियस के संबंधियों को मौत के घाट उतारना शुरू किया। जूलियस सीज़र चूँकि पुरोहित थे, तो उन पर गाज गिराना कठिन था। सुल्ला के समर्थक भी नियमित मंदिर जाते थे, तो उनकी श्रद्धा जुड़ी थी। सुल्ला ने उनको संदेश भिजवाया, "जूलियस! आपके फूफा मारियस और उनके सहयोगी सिन्ना का परिवार हमारे राज्य के ख़िलाफ़ षड्यंत्र में शामिल है। आप अपनी पत्नी को तलाक़ देकर उनसे संबंध तोड़ लें।"

"क्षमा चाहता हूँ, लेकिन मैं यह संबंध अकारण नहीं तोड़ सकता। मैं यह वचन देता हूँ कि मैं और मेरी पत्नी किसी राजद्रोह में सम्मिलित नहीं होंगे।"

"जब आपके पास शक्ति और संपत्ति ही नहीं होगी, आप राजद्रोह कर भी नहीं पाएँगे।", इस संदेश के साथ सुल्ला ने उनकी पुरोहिती छीनकर सारी पैतृक संपत्ति ज़ब्त कर ली।

जूलियस सीज़र कंगाल होकर सड़क पर आ गए। लेकिन, उन्होंने अपने फूफा मारियस को आदर्श बनाकर प्रतिशोध नहीं लिया। इसके उलट उन्होंने सुल्ला को ही अपना आदर्श बनाया। जिस तरह क्रैसस और पोम्पे की मदद से सुल्ला तानाशाह बने, सीज़र भी इन दो क़ाबिल हाथों की मदद से वहीं पहुँचना चाहते थे।

ईसा से अस्सी वर्ष पूर्व सुल्ला ने एक दिन अपनी तानाशाही स्वेच्छा से त्याग दी। गद्दी से उतरते ही सिनेट में सुल्ला पर गालियों की बौछार हुई। कभी खूँख़ार निर्दयी रहे सुल्ला सिर झुकाए अपशब्द सुनते रहे, और अंत में बस इतना कहा, "आप लोगों ने इतना तो आज तय कर दिया कि मेरे बाद अगर कोई तानाशाह बना, तो वह भूलकर भी अपनी गद्दी नहीं त्यागेगा।"

❋❋❋

सफलता एक प्रक्रिया है। शायद ही कोई 'सुपरमैन' रूप में पैदा होता हो। जैसे साधारण लोग सीढ़ियों से चढ़ते हुए, संघर्ष करते हुए, ऊपर पहुँचते हैं, वैसे ही जूलियस सीज़र भी पहुँचे। सुल्ला द्वारा सब कुछ छीने जाने के बाद युवा सीज़र के पास न धन था, न शक्ति, न विद्वत्ता, न ही सैन्य-कौशल। उन्होंने एक-एक कर यह चीज़ें हासिल कीं। वह रोम नगर छोड़कर पश्चिम एशिया चले आए, और वहाँ के राज्यपाल (गवर्नर) थर्मस के अंतर्गत एक सैनिक रूप में बहाल हुए। चूँकि उनके परिवार की थोड़ी-बहुत इज़्ज़त अब भी बाक़ी थी, तो वहाँ ठीक-ठाक उत्तरदायित्व मिल गया। वहीं उन्होंने 'पार्ट-टाइम' कविताएँ गढ़ना और भाषण देने की कला सीखनी शुरू की। यह गुण नैसर्गिक कहा जा सकता है। उस काल के इतिहासकार सूटोनियस के अनुसार सीज़र को सुनने मंडली जुट जाया करती थी।

वहीं सीज़र एक विवाद में फँस गए। क़िस्सा यूँ है कि रोमन साम्राज्य लेस्बस ('Lesbos') नामक द्वीप पर क़ब्ज़ा चाहती थी। मगर वहाँ के शासक कड़ी टक्कर दे रहे थे। उस इलाक़े में बितिनिया (आज तुर्की का हिस्सा) के राजा निकोमेडस चतुर्थ की नौसेना शक्तिशाली थी। राज्यपाल थर्मस ने जूलियस को बुलाकर कहा, "तुम्हारे पिता और चाचा, दोनों बेहतरीन वक्ता थे, और इस क्षेत्र की समझ थी। आज वक़्त आ गया है कि तुम उनका भार सँभालो और राजा निकोमेडस को समझा-बुझाकर मनाओ।"

अमूमन दूत संदेश लेकर जाते और लौट आते। लेकिन, सीज़र तो वहीं उनके दरबार में बस गए। जब उन्हें वापस बुलवाया गया, तो वह फिर से कुछ बहाना बनाकर वापस पहुँच गए। किसी ने अफ़वाह उड़ा दी कि जूलियस और निकोमेडस में समलैंगिक प्रेम स्थापित हो गया है। अब इसमें चाहे जितनी भी सच्चाई हो,

इस संबंध का नतीजा यह हुआ कि नौसेना मिली और लेस्बस द्वीप पर क़ब्ज़ा भी हो गया। 'लेस्बियन' शब्द इसी द्वीप के नाम से जन्मा है, और आज भी यह क्षेत्र समलैंगिक महिलाओं का तीर्थ जैसा माना जाता है। हालाँकि सीज़र कई स्त्रियों से संबंध के लिए जाने गए, लेकिन यह समलैंगिक संबंध कई नाटकों का विषय बना।

जब ईसा पूर्व 78 में सुल्ला चल बसे, तो जूलियस सीज़र को लगा कि अब रोम उनके लिए सुरक्षित है। उन्हें मालूम था कि अगर रोम की गद्दी तक पहुँचना है, तो वहाँ पैठ बनाना ज़रूरी है। वहाँ पहुँचकर उन्होंने क्या किया, यह पक्का कहना कठिन है। सेना में तो ख़ैर नहीं थे। कयास लगते हैं कि अपनी वाक्पटुता के कारण वह वकालत के व्यवसाय से जुड़े। कम से कम एक विवरण मिलता है कि उन्होंने एक भ्रष्ट गवर्नर के ख़िलाफ़ मुक़दमे में सहयोग दिया।

ग्रीक दार्शनिक प्लूटार्क ने अपनी पुस्तक 'पैरलल लाइव्स' में एक रोचक क़िस्सा लिखा है, जो सीज़र के चरित्र को दर्शाता है। ईसा पूर्व 75 में पच्चीस वर्षीय सीज़र एक जहाज़ पर बैठकर वाक्-कौशल (oratory) अध्ययन के लिए रोड्स द्वीप जा रहे थे। तभी एजियन सागर में समुद्री लुटेरों ने घेरकर उन्हें बंदी बना लिया। मुमकिन है कि सीज़र कोई ठीक-ठाक ओहदे वाले व्यक्ति होंगे, तभी यह अपहरण किया गया। सीज़र किसी रोमन अभिजात्य की तरह सीना ताने उन लुटेरों से बतियाते रहे। चुटकुले सुनाए। अपनी कविताएँ भी सुनाईं। जब लुटेरों ने कहा कि वह रोमनों से बीस टैलेंट (मुद्रा) की फिरौती माँग रहे हैं, तो सीज़र ने कहा, "सिर्फ़ बीस? तुम लोगों ने मेरी यही क़ीमत लगाई? कम से कम पचास टैलेंट माँगो। लेकिन, इतना ध्यान रखो कि मैं अगर छूट गया तो तुम सबको सूली पर लटका दूँगा।"

वे लुटेरे हँसने लगे कि यह नवयुवक क्या कर लेगा। फिरौती आई, सीज़र छूटे। एक महीने बाद वाक़ई सीज़र एशिया से एक नौसेना लेकर लौटे और उन सबको पकड़कर सूली पर लटका दिया!

❋ ❋ ❋

रोम में यह व्यवस्था थी कि बड़े ज़मींदार या ख़ानदानी फ़ौजी जनरल अपनी सेना रख सकते थे। वे युद्धों का ठेका लेते, और वहाँ से जो भी लूट-पाट कर लाते

उसका बड़ा हिस्सा ख़ुद रख लेते। कुछ टोकन की तरह शाही ख़ज़ाने में डाल देते। जब सीज़र तीस वर्ष के थे, उस समय के कुछ प्रमुख किरदारों से परिचय करा रहा हूँ, क्योंकि ये नाम बार-बार आगे आएँगे।

रोम के सबसे धनी व्यक्ति थे क्रैसस। उम्र पैंतालीस वर्ष। उनकी अपनी सेना थी, सिनेट पर दबदबा था। सबसे क़ाबिल जनरल थे—पोम्पे। उम्र पैंतीस वर्ष। उन्होंने अभी-अभी स्पार्टाकस को हराया था, और कई अन्य युद्ध जीतकर 'इंपरेटर' की पदवी पाई थी। सबसे प्रखर वक्ता के रूप में उभर रहे थे—सिसरो। उम्र पैंतीस वर्ष। उनकी विद्वत्ता इसी से समझी जा सकती है कि संपूर्ण उपलब्ध प्राचीन लातिन (Old Latin) साहित्य का तीन चौथाई उन्हीं का लिखा है। सर्वहारा वर्ग के प्रतिनिधि थे—लिपिडस। वह सुल्ला के बाद प्रधानमंत्री बने और सुल्ला की मृत्यु पर किसी भी आयोजन के ख़िलाफ़ थे। उनकी अपनी सेना थी। लिपिडस के प्रमुख सेनापति थे ब्रूटस। वह उन्हीं ब्रूटस के वंशज थे जिन्होंने सदियों पहले रोम में गणतंत्र की स्थापना की थी; और उन ब्रूटस के पिता जिन्होंने बाद में जूलियस सीज़र की हत्या की।

अब सवाल यह था कि इनमें से रोम की गद्दी किसके पास रहे? लिपिडस का जब प्रधानमंत्री काल ख़त्म हुआ, तो उन्होंने पुनः प्रधानमंत्री बनना चाहा। सिनेट के विरोध करने पर उन्होंने अपनी सेना लेकर गृहयुद्ध छेड़ दिया। उनसे लड़ने के लिए पोम्पे को भेजा गया। पोम्पे ने ब्रूटस को घेर लिया। जब उन्होंने आत्मसमर्पण किया, तो उनको धोखे से मार दिया। लिपिडस को भी भागना पड़ा। रास्ते के दो काँटे तो साफ़ हो गए।

समस्या यह थी कि पोम्पे की उम्र और अर्हता अभी सांसद बनने की भी नहीं हो पाई थी। उन्होंने सांसदों से कहा, "सुल्ला को मारियस पर जीत किसने दिलाई? स्पार्टाकस को किसने हराया? इस साम्राज्य का इंपरेटर कौन है? वह कौन है जो अफ़्रीका तक जीत दर्ज कर घोड़े पर सवार होकर रोम आया था, तो सुल्ला ने स्वयं स्वागत किया था? किसे सिकंदर महान की तरह 'महान' ('magnus') का दर्जा दिया गया? किसने लिपिडस का विद्रोह ख़त्म किया?"

"यह सब आप ही हैं। लेकिन, प्रधानमंत्री बनने की न्यूनतम उम्र बयालीस

वर्ष है। आपने तो कभी सिनेट का मुँह भी नहीं देखा। आप कैसे प्रधानमंत्री बन सकते हैं?"

उस समय क्रैसस खड़े हुए और कहा, "मुझे भी पोम्पे से शिकायत रही है। आप सबसे कहीं अधिक रही है। लेकिन, मुझे नहीं लगता कि आज रोम में इनसे क़ाबिल प्रधानमंत्री कोई होगा। रही बात अनुभव की, तो मैं इनके साथ दूसरा प्रधानमंत्री बनने को तैयार हूँ।"

इस तरह क्रैसस और पोम्पे गणतंत्र के नियमों को बाइपास करते हुए रोम के प्रधानमंत्री बन बैठे। इन शक्तिशाली लोगों के सामने कहीं बौने जूलियस सीज़र क्रैसस से पैरवी लगाकर 'क्वेस्टर' (वित्त मंत्रालय) पद पा गए। उनको हिस्पैनिया (स्पेन) में पोस्टिंग मिली। वहाँ उन्हें सिकंदर महान की एक मूर्ति दिखाई दी। यह मूर्ति देखते हुए सीज़र सोचने लगे कि इस उम्र तक तो सिकंदर दुनिया फ़तह कर रहे थे, और वह क्या कर रहे हैं?

लोकतंत्र में जनता का स्थान सर्वोपरि है। यह बात जूलियस सीज़र बख़ूबी जानते थे। इस कारण वह अभिजात्य छवि बनाने के बजाय जनप्रिय छवि बना रहे थे। बात यह भी थी कि सुल्ला के समय से ही उनके परिवार की ख़ास इज़्ज़त रह नहीं गई थी। उसी वर्ष उनकी बुआ और उनकी पत्नी का देहांत हुआ। सीज़र ने उनकी क़ब्र पर अपने फूफा मारियस का मुखौटा मँगवाया, जो सुल्ला के डर से छिपा दिया गया था। सीज़र ने जनता के सामने कहा, "मेरी बुआ देवी वीनस की वंशज थीं। आप जानते हैं कि देवी-देवताओं का स्थान राजाओं से भी ऊपर है। मेरा सौभाग्य है कि मेरी रगों में भी वही ख़ून बह रहा है।"

उस दिन जनता ने इस हाड़-माँस के व्यक्ति में देवता देखना शुरू कर दिया। जनता के लिए और क्या किया जा सकता था? कोई उत्सव? ईसा पूर्व 65 में सीज़र पैरवी लगवाकर 'एडील' पद पर नियुक्त हुए, जिसका काम था उत्सव कराना। उन्होंने रोम में ऐसा भव्य महोत्सव कराया जो पहले कभी देखा-सुना नहीं गया था। उन्होंने तीन सौ से अधिक ग्लैडिएटरों को चाँदी के कवच पहनाकर तमाम शेरों, और खूँख़ार जानवरों के बीच उतार दिया। कुछ रूढ़िवादियों ने इसका विरोध किया, कि इससे पहले ग्लैडिएटर स्पार्टाकस विद्रोह कर चुका है, अब यह खेल बंद

हो। मगर सीज़र ने सीनेटरों को घूस खिलाकर और ख़ासकर क्रैसस की चापलूसी कर आयोजन करवा दिया। सिसरो जैसे दार्शनिक भी इस खेल में आनंद लेने लगे। वेश्याओं, नर्तकियों और भरपूर शराब की व्यवस्था कर सीज़र जनता और नेता दोनों का दिल जीत रहे थे। यह और बात है कि इस फेर में सीज़र का सर्वस्व लुट गया, और उन पर साहूकारों का क़र्ज़ चढ़ गया।

उस समय पोम्पे 'महान' यूनान में राजा मित्रिडेटस से युद्ध लड़ने गए थे। उनकी ग़ैरमौजूदगी में क्रैसस का ओहदा बढ़ गया था। जूलियस सीज़र उनकी चमचागिरी करते, और जब भी कोई क़र्ज़दार टोकता तो कहते, "रोम के सबसे धनी आदमी मेरे साथ हैं। आप लोग घबराएँ नहीं, मेरे पास धन रखना भविष्य के लिए आपका निवेश ही है।"

उन दिनों कैटीलिना नामक एक शातिर व्यक्ति प्रधानमंत्री बनने के प्रयास में थे। क्रैसस उनके समर्थन में थे। कैटीलिना तानाशाह सुल्ला के लठैत जैसे रहे थे, जो किसी को भी मरवाने में उस्ताद थे। मिसाल के तौर पर उनकी एक प्रेमिका ने कहा कि उनका बेटा संबंध के लिए नहीं मान रहा, तो बेटे को ही मरवा दिया। कैटीलिना के प्रतिद्वंद्वी थे सिसरो। सिसरो शानदार वक्ता थे, जिनसे उनकी कोई तुलना नहीं थी। उन्होंने अपने गुर्गे सिसरो को मारने के लिए भेज दिए। जैसे-तैसे सिसरो बचकर भागे, और संसद में शिकायत की। मगर पक्के सबूत के अभाव में शिकायत ख़ारिज हो गई।

सिसरो के पास कैटीलिना जितनी शक्ति तो नहीं थी, बुद्धि बहुत थी। उन्हें पता लगा कि कैटीलिना रोम की गद्दी पर ज़बरदस्ती क़ब्ज़ा करने के लिए गॉल कबीलों से साँठ-गाँठ कर रहे हैं। सिसरो ने उन कबीलों में जुगत लगाई, और कहा कि कैटीलिना से लिखित क़रार कर लो कि जीत के बाद क्या-क्या मिलेगा। वह क़रारनामा एक बार मुझे दिखा लेना। जैसे ही क़रारनामा उनके हाथ आया, उन्होंने इसे संसद में लहरा दिया। अब पक्का सबूत था, और सिसरो जैसे वक्ता की दलीलें। कैटीलिना और उसकी सेना को खदेड़कर मार डाला गया।

दूसरी तरफ़ क्रैसस घबराए हुए थे कि पोम्पे महान जब युद्ध से लौटेंगे तो वह तानाशाह बन जाएँगे और उन्हें मार डालेंगे। क्रैसस इस आशंका से इतना डर गए

कि वह रोम छोड़कर भाग गए। हालाँकि उनकी आशंका निराधार थी। तानाशाही तो क्या, पोम्पे ने लौटकर अपनी सेना ही त्याग दी। वह एक हज़ार क़िले, नौ सौ नगर, आठ सौ जहाज़ और बीस हज़ार टैलेंट (मुद्रा) सोना जीतकर लाए थे। सब सरकारी ख़ज़ाने में डाल दिया। उन्होंने सिर्फ़ यह माँग रखी कि उनके सैनिकों को खेती-बाड़ी के लिए ज़मीन दे दी जाए। लेकिन भ्रष्ट नेताओं ने उनकी माँग ठुकरा दी।

पोम्पे ने सिसरो से कहा, "मैंने रोम के लिए कितना कुछ किया, और रोम ने मेरी छोटी सी माँग नहीं मानी। इससे बेहतर तो यही होता कि मैं सेना लेकर रोम पर चढ़ाई कर देता।"

जहाँ ये लोग अपनी ईमानदारी की मिसाल दे रहे थे, जूलियस सीज़र उधारी-खाते से सांसदों को घूस खिला रहे थे। वह अपनी माँ को कहकर गए, "मैं रोम का 'पोन्टिफस मैक्सिमस' (सबसे ऊँची रोमन धार्मिक पदवी) बनने जा रहा हूँ। इसे पाने के लिए मैंने इतना क़र्ज़ लिया है कि अगर नहीं बन पाया, तो साहूकार मुझे मार डालेंगे।"

जूलियस सीज़र ने यह पद हासिल किया, और जनता की आस्था के केंद्र बन गए। इस पद पर आने के बाद उन्होंने तीन लोगों को आमंत्रित किया। पहले तो उनके रईस दोस्त क्रैसस थे। दूसरे थे पोम्पे महान, जो सिनेट से नाराज़ थे। तीसरे थे सिसरो, जिनकी विद्वत्ता की तूती पूरे रोम में बोलती थी। सीज़र ने कहा, "आपमें एक के पास धन है, दूसरे के पास बल है, तीसरे के पास बुद्धि है। आप तीनों अगर मुझसे मिल जाएँ, तो हमारे पास रोम की सत्ता होगी। मेरे पास वह चीज़ें नहीं, जो आपके पास हैं। किंतु उससे भी बड़ी चीज़ है। मेरे पास धर्म है।"

❋ ❋ ❋

यह सत्य है कि जूलियस सीज़र में सिसरो जितनी विद्वत्ता नहीं थी, पोम्पे मैग्नस जैसा सैन्य कौशल नहीं था, क्रैसस जितना धन नहीं था; लेकिन हम आज इन सबमें सबसे अधिक किसे जानते हैं? जिन्हें इतिहास-बोध नहीं, वह भी जूलियस सीज़र का नाम सुनकर अचंभित नहीं होंगे कि यह कौन है। यह बात सीखने की है कि एक औसत व्यक्ति कैसे धीरे-धीरे स्वयं को औसत से कहीं ऊपर ले जाता है। पहली

चीज़ आप ग़ौर करेंगे कि उन्होंने 'जॉब स्विच' ख़ूब किया, और अपनी 'स्किल' के विस्तार पर ध्यान दिया। मसलन सिसरो भले ही कई किताब लिख गए, पढ़ गए, प्रधानमंत्री भी बन गए; लेकिन उन्होंने नौसेना में तो कार्य नहीं किया, उत्सव आयोजन नहीं किए, युद्ध नहीं लड़े, रोम के बाहर के क्षेत्रों में कार्य कम किया।

वहीं जूलियस सीज़र पहले जूपिटर मंदिर में पुरोहित रहे। फिर पश्चिम एशिया में जाकर थल सेना और नौसेना में कार्य किया। उसके बाद वह संभवतः कुछ समय वकालत करने लगे। कविताएँ लिखीं, वाक्-कौशल के कोर्स किए। 'क्वेस्टर' का पद लेकर वित्त कार्य सीखा। 'एडील' का पद लेकर ग्लैडिएटर उत्सव आयोजन सीखा। 'पोन्टिफस मैक्सिमस' का पद लेकर धर्म का ज्ञान लिया। यह सब करने के अतिरिक्त उन्होंने 'प्रीटर' का पद लिया और हिस्पैनिया (स्पेन-पुर्तगाल) क्षेत्र में सेना के कमांडर बने। वहाँ उन्होंने जीत दर्ज कर 'इंपरेटर' की पदवी हासिल की। इस तरह अपने अनुभवों और अध्ययन से उन्होंने अपने सी.वी. को इतना मज़बूत कर लिया कि उन्हें किसी भी आधार पर रिजेक्ट करना कठिन था।

हमने यह भी देखा कि यह सब पदवियाँ उन्होंने पैरवी, रिश्वत, तिकड़म हर तरह से अर्जित कीं। उन्होंने अपने परिवार के ख़िलाफ़ हुए अन्यायों और अपनी संपूर्ण संपत्ति छिनी जाने का प्रत्यक्ष प्रतिशोध नहीं लिया। बल्कि उन्होंने तो अपने परिवार के शत्रु तानाशाह सुल्ला की नातिन पोम्पिया से विवाह भी किया। कहीं ऐसा तो नहीं कि यह उनके प्रतिशोध लेने का सोचा-समझा तरीक़ा था?

एक उदाहरण देता हूँ। ईसा पूर्व 62 में एक 'सेक्स-स्कैंडल' हुआ। रोम में एक देवी 'बोना डिया' का उत्सव हर साल आयोजित होता था, जिसमें सिर्फ़ महिलाएँ ही पूजा करती थीं। पुरुषों को इस आयोजन में जाने की मनाही थी। उस वर्ष जूलियस सीज़र की पत्नी (और सुल्ला की नातिन) पोम्पिया ने यह आयोजन किया। उस आयोजन में पोम्पिया के विवाहेतर प्रेमी क्लोडियस एक महिला बाँसुरी-वादक के वेष में छिपकर आ गए। वह वहाँ जूलियस सीज़र की पत्नी के साथ रति-क्रिया में धर लिए गए। ज़ाहिर है उन पर सिनेट और जनता का ग़ुस्सा उमड़ पड़ा क्योंकि आख़िर यह एक पवित्र पूजा थी। सिसरो ने क्लोडियस के ख़िलाफ़ मुहिम चला दी, और उन्हें पूरे सिनेट के बीच बेइज़्ज़त किया। लेकिन, वहाँ भी जूलियस सीज़र ने सिर्फ़ इतना कहा, "अगर ऐसा कोई आरोप मेरी पत्नी या

परिवार पर लगा है, तो मैं अपनी पत्नी को त्यागता हूँ। मेरा परिवार रोम के किसी अहित में सम्मिलित नहीं।"

इस घटना की क्या व्याख्या हो सकती है? अफ़वाह तो यह भी थी कि सीज़र स्वयं मंदिर में 'वेस्टल वर्जिन' स्त्रियों के साथ संबंध रखते थे। लेकिन, जनता के सामने वह नैतिकता के पुतले बन जाते थे। यह उनकी राजनीति थी।

क्रैसस, पोम्पे, सिसरो और सीज़र ने मिलकर एक गठजोड़ बनाया कि वह सिनेट में एक-दूसरे का साथ देंगे। बाद में सिसरो ने कहा कि वह निष्पक्ष रहना पसंद करेंगे, किसी गुट में नहीं। सिसरो को छोड़कर बाक़ी तीन का गठबंधन कहा गया—प्रथम 'त्रिशासकदल' ('First Triumvirate')। इस तरह जूलियस सीज़र ईसा पूर्व 59 में प्रधानमंत्री बने। पद सँभालते ही उन्होंने एहसान चुकाया, और अपने धनी मित्र क्रैसस की एशिया से हो रही कमाई पर टैक्स तिहाई कर दिया। वहीं अपने दूसरे मित्र पोम्पे के पूर्व सैनिकों को ज़मीन दिला दी। डील ही यही थी।

सिनेट ने जब देखा कि ये तीनों रंगदारी पर उतर आए हैं, और सिसरो भी साथ दे रहे हैं, तब सीज़र के ख़िलाफ़ खड़े हुए कैटो। कैटो भी तगड़े वक्ता थे, जिन्होंने अपनी दलीलों से सबको मात कर दिया। सीज़र ने कैटो को जेल में बंद किया, तो उनके साथ कई कुलीन गिरफ़्तारी देने आ गए। आख़िर कैटो को छोड़ना पड़ा। जूलियस सीज़र अब क्रैसस और पोम्पे को लेकर जनता के मध्य गए और उनसे सामूहिक रूप से पूछा कि क्या आपको हमारे फ़ैसलों से कोई शिकायत है। उन्होंने एक स्वर में कहा— "नहीं!"

यह बात अब रोम के कुलीनों को स्पष्ट दिख रही थी कि सीज़र सिनेट को पीठ दिखाकर सीधे जनता से संपर्क कर रहे हैं। उन्हें नज़र आ रहा था कि रोम एक भीड़ ('mob') है, जिसमें किसी संसद से अधिक शक्ति है। इस 'मॉब' का दिल जीतना तानाशाह बनने की पहली सीढ़ी थी।

❋ ❋ ❋

अपनी आत्मकथा व्यक्ति कब लिखता है? अमूमन ज़िंदगी के आख़िरी चरण में। जब उसने जीवन में बहुत कुछ कर लिया हो। जैसे सचिन तेंदुलकर टीम में आने से पहले या 'वर्ल्ड कप' जीतने से पहले ही लिख देते तो क्या होता? कौन

पढ़ता? वहीं, सुनील गावस्कर ने अपनी एक आत्मकथा 'सनी डेज़' टीम में आने के कुछ ही वर्ष बाद लिख दी। मोहनदास क. गांधी ने आत्मकथा तब लिख दी, जब उन्होंने भारतीय राजनैतिक जीवन में पाँच ही वर्ष बिताए थे। वही, एडॉल्फ़ हिटलर ने तो सत्ता में आने के पहले ही लिख लिया। ये दोनों बिलकुल विपरीत ध्रुवों पर जन-नेता ('mass leader') रहे। कभी-कभी जनता में छवि बनाने के लिए अपनी कथा पहले ही लिख दी जाती है। सदियों पहले ऐसी प्रथा जूलियस सीज़र ने शुरू की।

दरअसल जूलियस सीज़र का प्रधानमंत्री काल विवादों से घिरा रहा। उन पर उस ज़माने के 'क्रोनी-कैपिटलिज़्म' के आरोप लगे, क्योंकि वह पूँजीपति क्रैसस की कर-माफ़ी कर रहे थे। वहीं पोम्पे जैसे बाहुबली का साथ लेकर दबंगई करने के भी। आख़िर बुद्धिजीवी वर्ग के लोगों ने जनता के कानों में यह भर दिया कि ये तीनों रोम का अहित कर रहे हैं। सीज़र को रोम छोड़कर सुदूर गॉल में जाना पड़ा। अगले नौ वर्षों तक सीज़र रोम से बाहर ही रहे।

यह सीज़र स्वयं भी चाहते थे। उनके तीन ध्येय थे। पहला कि वहाँ लूट-पाट कर धन जमा कर सकें। दूसरा, गॉल को हमेशा के लिए हराकर 'महान' कहलाएँ। और तीसरा, एक विशाल सेना के सेनापति बनकर रोम पर क़ब्ज़ा कर लें! वहीं गॉल में उन्होंने अपनी डायरीनुमा विजयगाथा लिखनी शुरू की। वह युद्ध जीत तो रहे थे, मगर उसकी व्याख्या कुछ यूँ करते जैसे वही आदि और अंत थे। जैसे नर्वी के युद्ध में उन्होंने लिखा है कि रोमन सेना अभी तंबू ही गाड़ रही थी, कि ख़ूँख़ार गॉल कबीले टूट पड़े। सेना अपना हेलमेट-हथियार उठाती, उससे पहले मारी जा रही थी। तभी जूलियस सीज़र स्वयं ढाल और तलवार लेकर टूट पड़े और गॉल को धूल चटा दी। जैसे फ़िल्मों में सनी देओल और रजनीकांत जैसे नायक अकेले सौ लोगों को देख लेते हैं, यह अतिशयोक्ति ही अब सीज़र के इतिहास में दर्ज है। और तो और यह लिख-लिखकर जनता तक भिजवाते रहते, और गाँव-गाँव में उनकी विजयगाथा सुनाई जाती, नाटक खेले जाते।

रोम में बैठे उनके दोस्त सिसरो, क्रैसस और पोम्पे भी जलने लगे थे। मगर उनकी अलग ही समस्या थी। सीज़र के बाद वही क्लोडियस प्रधानमंत्री बने, जिनका उनकी पूर्व पत्नी के साथ संबंध रहा था। उस समय सिसरो ने उन्हें बेइज़्ज़त

किया था। प्रधान बनते ही उन्होंने सिसरो को रोम से भगाकर उनका घर जला दिया। पोम्पे को भी डरा-धमकाकर किनारे कर दिया। घूम-फिरकर ये लोग जूलियस सीज़र के पास पहुँचे। सीज़र की बेटी जूलिया का विवाह पोम्पे से हुआ था, तो संबंध निजी हो गए थे। योजना बनी कि अगला प्रधानमंत्री कोई अपना ही बने। चाहे जो भी जुगत लगानी पड़े। पोम्पे और क्रैसस ने मिलकर चुनाव लड़ने का फ़ैसला किया, मगर नामांकन की तिथि निकल गई थी। सीज़र ने सुझाया कि प्रत्याशी को ही उड़ा दो, चुनाव टल जाएगा।

ईसा पूर्व 55 की एक रात प्रत्याशी डोमिटियस और केटो घर से निकले, तो क्रैसस के गुंडों ने हमला कर दिया। दोनों बुरी तरह घायल हुए और चुनाव टल गया। डर से क्रैसस और पोम्पे के ख़िलाफ़ कोई खड़ा ही नहीं हुआ। वे आराम से चुनाव जीत गए। मुझे मालूम है कि यहाँ भी भारत का कोई फ़िल्मी चुनाव याद आ रहा होगा, लेकिन ऐसी घटनाएँ सदियों से होती रही हैं।

इन दोनों ने रोम की सत्ता तो पाई, मगर अगले साल यह 'त्रिशासकदल' ('triumvirate') ही बिखर गया। क्रैसस काढ़े (आज के तुर्की) में एक युद्ध में मारे गए। वहीं पोम्पे के साथ अजीब ही घटना हुई। एक दिन पोम्पे के साथ खड़ा एक व्यक्ति घायल हुआ, तो उनका टोगा वस्त्र ख़ून से लथपथ हो गया। उन्होंने वह वस्त्र धुलने के लिए घर भिजवाया। उनकी पत्नी जूलिया (सीज़र की बेटी) गर्भवती थी। उन्होंने जब ख़ून से सना अपने पति का वस्त्र देखा तो बेहोश हो गईं। पहले बच्चा खोया, और फिर मर गईं। पोम्पे दुखी हो गए।

जूलियस सीज़र का फ़ोकस इन सब बातों से नहीं हिला। वह तो वहाँ फ़तह करने जा रहे थे, जहाँ कभी रोमन सेना पहुँची भी नहीं थी। वहाँ पहुँचना रोम ही नहीं, दुनिया का भविष्य बदलने वाला था। जूलियस सीज़र की सेना पहुँच रही थी यूरोप मुख्य-भूमि के पश्चिम स्थित द्वीपसमूह—ब्रिटेन!

❋ ❋ ❋

2012 में ब्रिटेन और यूरोप मुख्यभूमि के मध्य स्थित जर्सी द्वीप के खेतों में एक वृद्ध 'मेटल डिटेक्टर' लिए कुछ खोज रहे थे। छुटपन से ही उनका अनुमान था कि इस ज़मीन में कहीं ख़ज़ाना गड़ा है। ढूँढ़ते-ढूँढ़ते उम्र निकल गई, लेकिन

एक दिन उनका डिटेक्टर बज उठा। उन्होंने फावड़ा लेकर खोदना शुरू किया, तो डिटेक्टर भी तेज़ बजने लगा। आख़िर उन्हें ख़ज़ाना मिल गया! ज़मीन में गड़े हज़ारों सोने-चाँदी के सिक्के! अनुमान लगाया गया कि जब जूलियस सीज़र इन द्वीपों की तरफ़ सेना लेकर बढ़ रहे थे, तो गॉल कबीले ये सिक्के ज़मीन में गाड़कर भाग गए। उसके बाद वे या तो मारे गए, या कभी लौट न सके। दो हज़ार वर्ष बाद वे सिक्के हमारी पीढ़ी ने ही देखे।

मैं इन सिक्कों की कहानी ढूँढ़ने के लिए पुनः जूलियस सीज़र की लिखी पुस्तक पलटने लगा। शायद कहीं किसी और ख़ज़ाने का पता मिल जाए, और मैं भी एक डिटेक्टर लेकर अपना बुढ़ापा वही ढूँढ़ते बिताऊँ। सूत्र मिले भी होंगे, तो मैं सार्वजनिक नहीं करूँगा। किताब की बात कह देता हूँ, जो मुझे कुछ अलग नज़र आई।

अपनी किताब में सीज़र कहीं भी 'मैं' यानी प्रथम पुरुष में बात नहीं करते। वह लिखते हैं— 'सीज़र ने वहाँ आक्रमण किया'। उनका बनाया महानायक वह स्वयं हैं, लेकिन लिखते यूँ हैं जैसे वह कोई तीसरा हो। दूसरी बात कि उनकी भाषा बहुत ही सरल है, जबकि वह अपनी कविताएँ कठिन लिखते थे। कविताएँ वह कुलीनों के लिए लिखते थे, वीरगाथा आम जनता के लिए लिख रहे थे। तीसरी बात कि अतिशयोक्ति कम से कम मेरे जैसों को नहीं पची। उनके हिसाब से लाखों गॉल मारे गए, मगर रोमन बहुत कम मरे। अब इतिहासकार भी इसे मिथ्या ही मानते हैं। दोनों तरफ़ मिलाकर पाँच-दस हज़ार मरे होंगे, लाखों नहीं।

यह बात पक्की है कि जिस तरह से उन्होंने युद्ध रणनीति का वर्णन किया है, वह एक तरह से गाइड है। इसका प्रयोग रोमन शासकों से लेकर नेपोलियन तक ने किया। सीज़र पक्के रणनीतिकार थे, और युद्ध चक्रव्यूहों से जीतते थे, सिर्फ़ शक्ति से नहीं। जैसे एक नौसेना युद्ध का वर्णन है, जब गॉल (सेल्टिक) जहाज़ रोमनों पर भारी पड़ रहे थे। सीज़र ने देखा कि उनके जहाज़ सिर्फ़ वायु से चलते हैं, कोई खेवैया नहीं। जबकि रोमन जहाज़ों में पतवार भी थी, और पाल भी। सीज़र ने अपने भालों में आगे एक तेज़ चाकू लगा दिया। उनसे रोमनों ने वह रस्सी ही काट दी, जो जहाज़ को पाल से जोड़ती थी। गॉल जहाज़ निष्क्रिय हो गए, और सभी मारे गए।

जर्मैनिकों से युद्ध का वर्णन है कि राइन नदी के दूसरी तरफ़ ख़ूँख़ार कबीले रोमनों को नदी पार नहीं करने दे रहे थे। वे उनके नाव डुबो देते। सीज़र ने दस दिन के अंदर एक पूरा पुल ही बनवाकर नदी पर गिरा दिया। रोमन सेना आराम से पुल पारकर जर्मैनिकों पर टूट पड़ी।

रही बात इंग्लैंड की। वहाँ कोई सभ्यता थी नहीं। कई रोमन मानते थे कि यूरोप के बाद दुनिया ख़त्म है। आगे कोई द्वीप नहीं। कुछ सेल्टिक मछुआरे इस द्वीप को ढूँढ़कर वहाँ बस गए थे। सीज़र ने दो खेपों में मुश्किल जीत की तरह चित्रण किया है, लेकिन यह सिर्फ़ समुद्री दूरी के कारण मुश्किल होगी। वहाँ कोई बड़ी सेना मिलने के अनुमान नहीं। पूरे नौ वर्ष लगाकर आख़िर सीज़र ने गॉल को हर जगह पराजित किया, और लगभग आधे से अधिक यूरोप पर क़ब्ज़ा कर लिया।

गॉल को भी अपनी कमज़ोरी का एहसास हुआ कि वे तमाम कबीले एकजुट नहीं थे। ईसा पूर्व 52 में वर्सिंगेटोरिक्स नामक एक सरदार ने सभी गॉल को एकजुट करने का अभियान चलाया। सीज़र अपनी सेना लेकर गए, लेकिन युद्ध नहीं किया। रोमन सैनिक वर्सिंगेटोरिक्स की राजधानी अलिसिया नगर के बाहर गड्ढे खोदने लगे। एक हफ़्ते के अंदर पूरे नगर की परिधि में कई फ़ीट गहरे गड्ढे खुद गए। इतना ही नहीं, सीज़र ने उस परिधि के बाहर एक और बड़ी परिधि बनाई, और वहाँ भी उसी तरह गड्ढे खोद दिए। यानी, रोमन सेना अब वहाँ खड़ी थी, जहाँ न कोई अंदर से आक्रमण कर सकता था, न बाहर से। उनके दोनों तरफ़ गड्ढे थे। क़िलों के बाहर घेराबंदी ('siege') तो अधिकांश युद्धों में देखी गई, लेकिन यह दोहरी घेराबंदी अलग ही मॉडल था। एक महीने तक तीनों सेनाएँ (नगर की गॉल सेना, रोमन सेना, बाहर से आई गॉल सेना) एक-दूसरे का मुँह देखती रहीं। आख़िर जब रसद ख़त्म होने लगी, गॉल सरदार ने आत्मसमर्पण कर दिया। उन्हें बाद में रोम ले जाकर सूली पर लटका दिया गया। जूलियस सीज़र विजयी होकर रोम लौटे थे। जनता उनका जयगान कर रही थी। कुलीन उन्हें रास्ते से हटाने का तरीक़ा सोच रहे थे। उनकी शंका वाजिब थी। जूलियस सीज़र की आँखों में उन्हें सदियों से चले आ रहे रोमन गणतंत्र का अंत दिख रहा था।

❋ ❋ ❋

यह कहना सही नहीं होगा कि सीज़र ने लोकतंत्र का ख़ात्मा किया। अगर लोकतंत्र मज़बूत हो तो किसी भी व्यक्ति में दम नहीं कि उसे हिला सके। लेकिन, जब भ्रष्टाचार के दीमक लोकतंत्र को पूरी तरह खोखला कर दें, फिर तो एक फूँक ही काफ़ी है।

ईसा पूर्व 53 के रोम में कोई भी प्रधानमंत्री नहीं बन सका, क्योंकि सभी प्रत्याशियों पर भ्रष्टाचार के आरोप थे। सिसरो ने अपने एक प्रवासी मित्र को चिट्ठी लिखी, "यहाँ आकर देखो! हमारे महान रोम गणराज्य को क्या हो गया। सड़कों पर प्रत्याशी खुलेआम धन बाँट रहे हैं। भ्रष्टाचार चरम पर है। ऐसे में तानाशाही कभी भी आ सकती है।"

वोट के लिए नोट बाँटने की प्रथा आज नहीं शुरू हुई, यह लोकतंत्र की पुरानी कहानी है। जब रोम में अराजकता बढ़ती गई, जगह-जगह दंगे होने लगे, तो सिनेट ने पोम्पे को बुलाया कि अब वही रोम की कमान सँभालें। एक तरह से पोम्पे को तानाशाह का पद दिया गया, जो उन्होंने बख़ूबी सँभाला।

जूलियस सीज़र अब भी रोम से दूर गॉल में अपनी सेना के साथ थे। उस समय उनके कमांडर के रूप में एक नवयुवक आए थे—मार्क एंटनी। जिन्होंने शेक्सपियर के नाटक पढ़े होंगे, वे इस नाम से अनजान न होंगे। बहरहाल, एक तरफ़ जूलियस सीज़र लौटकर रोम की सत्ता सँभालना चाहते थे, वहीं पोम्पे अपने इस पद से इतने ख़ुश थे कि वे सीज़र को रोम आने नहीं देना चाहते थे। अब इन दो पूर्व ससुर-दामाद रहे मित्रों के मध्य दरार आने लगी थी। इतना ही नहीं, केटो जैसे सांसद जूलियस सीज़र को एक भ्रष्ट सेनापति मानते थे, और उन्हें बर्ख़ास्त करना चाहते थे।

लेकिन, सच यह था कि पोम्पे महान अब डूबते सूरज थे, और जूलियस सीज़र उगते सूर्य। पिछले दस वर्षों में उनसे बड़ी विजय रोमन इतिहास में कम ही लोगों ने दर्ज की थी। ईसा पूर्व 49 तक यह तय होने लगा कि रोम पर या तो पोम्पे का राज होगा, या सीज़र का। चूँकि पोम्पे रोम में थे, वह अपनी उस ज़माने की मीडिया का इस्तेमाल कर सीज़र के ख़िलाफ़ दुष्प्रचार करने लगे। उन्हें एक शैतान और अराजक सेनापति बताया गया। उन पर इल्ज़ाम लगाए गए कि वह लूट का सारा धन अकेले पचा रहे हैं, अपनी सेना को रोम के ख़िलाफ़ भड़का रहे हैं। यह

बातें ग़लत नहीं थीं, लेकिन भ्रष्ट तो सभी रोमन कुलीन थे। सीज़र पर अगर आरोप थे, तो बाक़ियों पर भी थे।

जूलियस सीज़र ने गॉल प्रवास के दौरान एक और कार्य शुरू किया था। उन्होंने रोम में एक 'शॉपिंग मॉल' या 'बिज़नेस सेंटर' का कंसेप्ट लाया। वह सिनेट के ठीक सामने एक बड़ा भवन बनवा रहे थे, जहाँ व्यवसायियों के कार्यालय होते, बड़े सम्मेलन होते, चुनाव चर्चा होती, साहित्यकारों का जमघट होता। यह कहलाया 'सीज़र का फ़ोरम'। आज यह चीज़ें साधारण लगेंगी, मगर प्राचीन रोम में इस तरह का व्यवसायिक केंद्र बनाना एक अलग सोच थी। बाद में तो इसके ठीक सामने घोड़े पर बैठे जूलियस सीज़र की मूर्ति भी लगी। यह एक तरह से तमाम सांसदों के मुँह पर तमाचा था कि गॉल में रहकर भी जूलियस सीज़र रोम का केंद्र सँभालते हैं।

आख़िर यह परिस्थिति आ गई कि जूलियस सीज़र को देशद्रोही घोषित कर दिया गया, और उनको अपनी सेना त्यागने कहा गया। उस दिन सीज़र अपनी सेना के साथ रात्रिभोज में बैठे, और कहा, "पासा फेंका जा चुका है।" ('The Die has been cast')

गॉल और इटली के मध्य स्थित रुबिकॉन नदी को पारकर जूलियस सीज़र की सेना ने अपने ही राज्य पर आक्रमण कर दिया। उनकी सेना के सामने पोम्पे के सिपाही टिक न सके। सीज़र की सेना अधिक अनुशासित थी, और युद्ध की नियमित प्रैक्टिस में थी। पोम्पे दशक पहले अच्छे कमांडर रहे थे, मगर अब उनमें वह ताक़त नहीं रही थी। सीज़र बड़ी आसानी से रोम में घुस गए, और तानाशाह बन बैठे। पोम्पे भागकर पहले स्पेन की तरफ़ गए। वहाँ सेना संगठित की। लेकिन, जूलियस सीज़र की सेना ने वहाँ भी उन्हें मात दी। आख़िर पोम्पे भागकर मिस्र चले गए, जहाँ उनके मित्र टॉलेमी तेरहवें का राज था। टॉलेमी के मंत्रियों ने समझाया कि यह पोम्पे किसी काम का नहीं, हमें जूलियस सीज़र को ख़ुश रखना चाहिए। उन्होंने पोम्पे महान को मार डाला और उनका कटा हुआ सिर लेकर जूलियस सीज़र के पास आए कि वह शाबासी देंगे।

अपने पुराने मित्र और रोम के महान सेनापति पोम्पे का सिर यूँ एक थाल में देखकर सीज़र रो पड़े। उन्होंने कहा, "जिसने भी मेरे मित्र का यह हश्र किया है, उसे ज़िन्दा रहने का कोई हक़ नहीं।"

सीज़र के सैनिकों ने उन सभी मंत्रियों को मौत के घाट उतार दिया। वहीं, सीज़र की मुलाक़ात मिस्र के राजा टॉलेमी की बहन से हुई। अधेड़ उम्र के जूलियस सीज़र इस बीस वर्ष की ख़ूबसूरत युवती के पाश में जकड़े गए। उन्होंने उनके साथ रातें गुज़ारीं, उन्हें मिस्र की रानी बनाया, और एक शिशु सीज़र का जन्म हुआ। लेकिन, इनकी जोड़ी बेमेल थी। उम्र के लिहाज़ से सीज़र के कमांडर मार्क एंटनी और उस युवती क्लियोपेट्रा की जोड़ी कुछ बेहतर थी।

सीज़र की उम्र पचपन पहुँच रही थी, जो उन दिनों के हिसाब से बुढ़ापा ही था। उनके दोस्त क्रैसस और पोम्पे मर चुके थे। जो सांसद सीज़र के डर से भाग गए थे, या विरोध में थे, उन्हें मान-मनौव्वल कर वह रोम ले आए थे। सिसरो, ब्रूटस, कैसियस जैसे तानाशाही विरोधी अब उनके साथ सिनेट में थे। केटो जैसे ईमानदार और परंपरावादी व्यक्ति सीज़र की सत्ता को पचा नहीं पा रहे थे। वह अफ़्रीका प्रवास में थे। जूलियस सीज़र अपनी सेना लेकर अफ़्रीका पहुँचे कि वहाँ उनके समर्थकों को हराकर केटो को क्षमादान दे देंगे। लेकिन, केटो ने सिर झुकाने से इंकार कर दिया। जब जूलियस सीज़र ने उनको पकड़कर लाने के लिए सैनिक भेजे, केटो ने आत्महत्या कर ली।

ईसा पूर्व 45 तक सीज़र ने स्पेन, अफ़्रीका और एशिया के क्षेत्रों के सभी विद्रोहियों को हराया। हर जगह वह प्रस्ताव रखते कि जो लोग उनके साथ आना चाहते हैं, वे आ जाएँ, उन्हें क्षमा कर दिया जाएगा। इसकी महिमा ऐसी कि रोमवासियों ने एक जूलियस सीज़र का 'क्षमादान मंदिर' ही बना दिया। उनकी छवि एक निर्दयी सेनापति की नहीं, बल्कि दानवीर की बनी, जो अपने सैनिकों को भी ख़ूब इनाम देते।

इन सबसे अधिक सीज़र का महत्त्व यह है कि उन्होंने संपूर्ण रोमन साम्राज्य के नागरिकों को समान अधिकार दिए। पहली बार रोमन सिनेट में न सिर्फ़ स्पेन, अफ़्रीका और एशिया से, बल्कि गॉल भी आए। वे गॉल जिनको स्वयं सीज़र ने

हराया था, और जिन्हें रोमवासी असभ्य मानते थे। रोम के कुलीन चुटकुले बना रहे थे कि अब ये असभ्य (barbarians) लोग भी क्या बाल छँटाकर, नहा-धोकर, टोगा पहनकर घूमेंगे?

दूसरी चीज़ जो उन्होंने यूरोप में लाई, वह था—उपनिवेशवाद। उन्होंने अपने पुराने सैनिकों को वर्तमान इटली से बाहर के द्वीपों और क्षेत्रों पर औद्योगिक कॉलोनी बसाने के लिए भेजा। मॉडल यह था कि ये लोग वहाँ जाकर निवासियों के अंदर रोमन सभ्यता का इंजेक्शन देंगे, और सबको चाल-ढाल से रोमन बनाएँगे। ऐसा ही एक रोमन उपनिवेश इंग्लैंड में भी बना। भविष्य में इस उपनिवेश ने जूलियस सीज़र के मॉडल को दुनिया में किस तरह फैलाया, यह बताने की ज़रूरत नहीं।

तीसरी चीज़ वह लेकर आए एक कैलेंडर। इससे पहले कई चंद्र और सौर कैलेंडर अपनाए गए थे, जिनमें लगभग 355 दिन होते थे। सीज़र ने इनको 365.25 दिन का बनाकर स्थिर कर दिया। इसके लिए उन्होंने सिकंदरिया (‘Alexandria’) के यूनानी गणितज्ञों की मदद ली, और यूरोप में यही कैलेंडर सोलहवीं सदी तक चलता रहा। रूस में तो बीसवीं सदी तक जूलियस सीज़र का बनाया कैलेंडर चलता था (अब भी उनके गिरजाघर में चलता है)। अन्य क्षेत्रों में पोप ग्रेगरी ने मामूली बदलाव किया, जो अब तक क़ायम है।

चौथी और सबसे दूरगामी प्रभाव की चीज़ रही ग्रीको-रोमन संस्कृति का पूरे यूरोप में एकीकरण। वह जर्मैनिक कबीलों को पूरी तरह जीतकर ‘फुल एंड फ़ाइनल’ करना चाहते थे। उन्होंने ग़ुलामी भी बहुत कम कर दी, और एक तरह से यह स्थापित कर दिया कि पूरा यूरोप और पश्चिम एशिया एक ही परिवार है। खुलकर कहा जाए तो उन्होंने ‘गोरों’ को एक सामूहिक नस्ल बनाने का प्रयास किया।

लेकिन, संसद में बैठे कुलीनों को तानाशाह जूलियस सीज़र की उदारता और दृष्टि में उनका दंभ दिख रहा था। उनकी नज़र में जूलियस सीज़र रोमनीकरण से अधिक दुनिया का सीज़रीकरण कर रहे थे। वह साधारण मानव होकर भी देवता बन गए थे। वह तो अपनी राजधानी भी रोम से उठाकर सिकंदरिया ले जाने की बात कर रहे थे। उनके सिपहसालार मार्क एंटनी एक दिन उनके लिए सोने का ताज

लेकर आए और कहा, "आप हमारे राजा (King) हैं। आप यह ताज पहनें।"

सीज़र के अधिकतर बाल उड़ गए थे, मगर उन्होंने ताज पहनने के बजाय पत्तों का बना रोमन पट्टा पहनकर कहा, "न मैं यह सोने का ताज पहनूँगा, और न राजा कहलाऊँगा। मैं और मेरे बाद जो भी मेरी जगह बैठेगा, वह कहलाएगा—सीज़र।"

यह सुनते ही सिनेट में कानाफूसी शुरू हो गई। एक राजा या एक तानाशाह तो फिर भी उन्हें स्वीकार था, लेकिन यहाँ एक व्यक्ति कह रहा था कि वह उनसे भी कहीं ऊपर है। जैसे वह दुनिया का केंद्र हो, और वहीं से दुनिया शुरू हो रही हो। ऐसे किसी भ्रम का होना भविष्य की मानवता के लिए उचित न था। इस भ्रम का अंत तो जूलियस सीज़र के अंत से ही संभव था।

❋ ❋ ❋

*"ब्रूटस, तुम भी?" ('Et tu, Brute?')*

—शेक्सपियर लिखित जूलियस सीज़र पर आधारित
नाटक में खंड 3, दृश्य 1

ब्रूटस उन लोगों में थे जिनको जूलियस सीज़र ने फार्सेलस के युद्ध में क्षमादान दिया था और ऊँची पदवी दी थी। दूसरी तरफ़, वह उन ब्रूटस के वंशज भी थे जिन्होंने रोम में गणतंत्र की स्थापना की थी। ब्रूटस के साथ सिनेट के तमाम कुलीन जमा हुए, और स्वयं को 'मुक्तिवाहक' ('Liberators') कहते हुए उन्होंने जूलियस सीज़र और उनके सिपहसालार मार्क एंटनी के वध की योजना बनाई। ब्रूटस ने समझाया कि एंटनी को मारने का कोई प्रयोजन नहीं, न्याय सिर्फ़ सीज़र के साथ ही हो।

ईसा पूर्व 44 में जूलियस सीज़र ने अपने स्पैनिश अंगरक्षकों को छुट्टी दे दी और कहा, "मैंने प्रकृति और यश-अर्जन, दोनों रूपों से अब बहुत जी लिया। अब मैं किसी भय से नहीं जीना चाहता। लेकिन, अगर मेरी हत्या होती है तो रोम में गृहयुद्ध होगा। यहाँ की जनता मुझे मरने के बाद भी मरने नहीं देगी।"

वसंत का महीना था। नई कोंपलें फूटी थीं। हर साल की तरह उत्सव का माहौल था। उन्हें एक भविष्यवक्ता ने कहा था कि वसंत पूर्णिमा के दिन उनकी

मृत्यु होगी। शेक्सपियर ने इस दृश्य का मशहूर नाटकीयकरण किया जब भीड़ में से कोई फुसफुसाता है, "मार्च की पूर्णिमा से बचकर रहिए।" ('Beware the ides of March!') इतिहास में वर्णित है कि सीज़र ने उन भविष्यवक्ता को उस दिन मुस्कुराकर कहा, "पूर्णिमा का दिन तो आ गया, मैं अब भी जीवित हूँ।" उन्होंने कहा, "सीज़र! अभी दिन बीता कहाँ है?"

अब मैं इतिहासकार प्लूटार्क के वर्णन का अनुवाद लिखता हूँ, "सीज़र के प्रवेश के साथ ही सिनेट सदस्य खड़े हो गए, और उन्हें घेर लिया। षड्यंत्रकारियों ने टिलियस सिम्बर को सीज़र के पास अपने भाई के लिए क्षमादान माँगने भेजा। उनके साथ बाक़ी सदस्य भी सीज़र से विनती करने लगे, और उनके हाथ चूमने लगे। पहले तो सीज़र ने उन्हें यूँ पास आने से मना किया, लेकिन जब वे नहीं रुके, तो सीज़र बलपूर्वक धक्का देकर खड़े हो गए। टिलियस ने उनका कंधा पकड़कर उनका वस्त्र फाड़ दिया। सीज़र के पीछे खड़े कास्का ने अपनी तलवार निकालकर पहला वार कंधे पर किया, लेकिन यह ज़ख़्म गहरा नहीं था। सीज़र ने उनकी तलवार छीनते हुए कहा—कास्का! तुम यह क्या कर रहे हो? कास्का ने घबराकर ग्रीक में अपने भाई को आवाज़ दी। इतने में बाक़ी लोगों ने एक-एक कर चाकू घुसेड़ना शुरू किया। घायल सीज़र उस भीड़ से निकलकर आगे बढ़ रहे थे और तभी उन्होंने देखा कि ब्रूटस सामने तलवार लेकर खड़े हैं। सीज़र उन्हें देखते ही ज़मीन पर बैठ गए, अपना सिर कपड़े से ढक लिया, और पीठ झुकाकर समर्पण कर दिया। षड्यंत्रकारियों ने इस झुके हुए सीज़र को चाकुओं और तलवारों से बींध दिया।"

इतिहासकार सूटोनियस इसी घटना में जोड़ते हैं कि जब सीज़र ने अपने सामने ब्रूटस को देखा तो ग्रीक में कहा, "तुम भी? मेरे बच्चे!" ('Kai su, teknon!') जूलियस सीज़र मर चुके थे। अब उनकी भविष्यवाणी सत्य होने का वक़्त था। गृहयुद्ध।

सीज़र को मारकर हाथ में रक्तरंजित चाकू लेकर तमाम हत्यारे बाहर सड़क पर आए और जनता से कहा, "अब आप लोग आज़ाद हैं। सीज़र मर चुका है।" यह सुनकर जनता ख़ुश होने के बजाय भड़क गई, और उन्हीं पर टूट पड़ी। वे वापस भागकर छिप गए। सीज़र के प्रधानमंत्री एंटनी और लिपिडस उस समय रोम से

बाहर थे। वे ख़बर सुनते ही अपनी सेना लेकर रोम आए और सिनेट को घेर लिया। ब्रूटस और अन्य षड्यंत्रकारी उनके समक्ष आए और अपना पक्ष रखकर कहा कि उनसे कोई शत्रुता नहीं है, यह सिर्फ़ गणतंत्र की रक्षा के लिए आवश्यक था।

एंटोनी जूलियस सीज़र की लाश लेकर उसे दफ़नाने आए, और एक विशाल भीड़ के समक्ष सीज़र के ख़ून से सने वस्त्र लहराते हुए कहा, "ये ख़ून से सने कपड़े हमारे सीज़र के हैं, और इनकी हत्या किसी तर्क से हुई है। ब्रूटस और तमाम बुद्धिजीवी ऐसा कह रहे हैं, तो शायद ठीक कह रहे हों। लेकिन, हमें स्मरण रहे कि यह हम सबके प्रिय सीज़र थे।"

एक विशाल वेदी पर सीज़र के शव को जलाया गया, और इस दहकती आग को देखकर जनता का ग़ुस्सा उमड़ पड़ा। वे वहीं से जलती लकड़ियाँ उठाकर रोम की सड़कों पर निकल पड़े, और षड्यंत्रकारियों के घर जलाने लगे। एक तो सिन्ना नामक ऐसे व्यक्ति को जला दिया, जो स्वयं षड्यंत्र में शामिल भी नहीं थे। ब्रूटस डरकर रोम छोड़कर भाग गए। सीज़र की मृत्यु से छिड़े इस गृहयुद्ध का हल न एंटनी थे, न लिपिडस, इसका हल थे स्वयं सीज़र। अपनी मृत्यु से पूर्व सीज़र ने अपनी बहन के पौत्र को अपना दत्तक पुत्र घोषित कर दिया था।

सिसरो इस पूरे षड्यंत्र में प्रत्यक्ष रूप से शामिल नहीं थे, लेकिन वह ख़तरा भाँप चुके थे। उन्होंने लिखा, "सीज़र की हत्या का काम रोम के लिए अच्छा हुआ। किंतु अधूरा हुआ।" उन्नीस वर्ष का वह युवक ऑक्टेवियन सीज़र अपने पिता की जलती वेदी के सामने बहुत बारीकी से उन शत्रुओं पर ग़ौर कर रहा था, जैसा कभी स्वयं जूलियस सीज़र ने किया था। गणतंत्र का वास्तविक अंत उसी के हाथों लिखा था।

✵✵✵

जैसे कोई सॉफ़्टवेयर या ऐप अपडेट होता है, तो उसकी ख़ामियाँ ('bugs') ठीक कर दी जाती हैं, उस तरह ऑक्टेवियन सीज़र भी जूलियस सीज़र 2.0 थे। मॉडल वही था, लेकिन बेहतर था। गति में अधिक तेज़, बुद्धि में अधिक शातिर, और व्यवहार में अधिक क्रूर। जूलियस सीज़र ने तानाशाह बनकर भी गणतंत्र थोड़ा-बहुत बचा रखा था, ऑक्टेवियन ने इसे हमेशा के लिए ख़त्म ही कर दिया।

जूलियस सीज़र के क्षमादान के विपरीत उन्होंने एक-एक शत्रु को चुन-चुनकर बेरहमी से मारा। और तो और यह सब करने के लिए उन्होंने जूलियस सीज़र का ही नाम भुनाया।

जब ईसा पूर्व 44 में सीज़र की हत्या हुई, मार्क एंटनी (मार्कस एंतोनियस) रोम के सर्वेसर्वा बन बैठे। उन्होंने जूलियस सीज़र की वसीयत को बदलकर सभी चीज़ें अपने पक्ष में कर लीं। जनता के लिए लिखी वसीयत में बदलाव तो उनके हाथ में था, लेकिन निजी वसीयत तो उनके पास थी ही नहीं। जूलियस सीज़र ने अपनी निजी संपत्ति का बड़ा हिस्सा ऑक्टेवियन नामक नवयुवक के नाम कर दिया था। पहले जब ऑक्टेवियन अपना अधिकार लेने आए तो एंटनी ने उनको 'बच्चा' कहकर भगा दिया। मगर ऑक्टेवियन में भी आख़िर सीज़र का थोड़ा-बहुत रक्त बहता था। उनके पास उनके ही ट्रिक थे। जनता के पास जाना।

उन्नीस वर्ष के ऑक्टेवियन ने जूलियस सीज़र की तरह ही वीनस मंदिर के समक्ष भव्य खेल का आयोजन किया। उस मंदिर में उन्होंने जूलियस सीज़र की एक कांस्य मूर्ति और सोने का सिंहासन लगाकर भगवान का दर्जा दे दिया। सिनेट में पैरवी लगवाकर उन्होंने सीज़र के जन्म के महीने का नाम 'जुलाई' रखवा दिया। जो भी रिश्वत या धन लगा, उन्होंने अपनी जेब से लगाया। इसके लिए अपनी संपत्ति भी बेच दी। यह सब करने के बाद वह स्वयं को 'सीज़र' का अवतार कहने लगे। एंटनी को भी लग गया कि यह 'बच्चा' तो जूलियस सीज़र का भी बाप निकला।

ऑक्टेवियन ने जनता के बीच एंटनी का बिना नाम लिए कहा, "आज मेरे पिता की हत्या का बदला लेने के बजाय कुछ लोग उन राजद्रोहियों के साथ ही गलबहियाँ कर रहे हैं। उनके हत्यारे हमारे ही राज में खुलेआम घूम रहे हैं। लेकिन, आपका यह 'सीज़र' प्रण लेता है कि रोम के देवता सीज़र का प्रतिशोध लेकर रहेगा।"

हालत यह हो गई कि न सिर्फ़ जनता बल्कि एंटनी के निजी सैनिकों का भी बड़ा हिस्सा ऑक्टेवियन के साथ आ गया। सिसरो ने जब हवा बदलती देखी, तो उन्होंने भी एंटनी के ख़िलाफ़ सिनेट में बोलना शुरू कर दिया। उन्होंने कहा, "एंटनी

जूलियस सीज़र के बगीचे के सारे फव्वारे खोलकर ले गए। उनके सभी फ़ानूस, सभी क़ालीन अपने घर ले आए। सीज़र के नाम पर अपने प्रतिद्वंद्वियों को मरवाया। जनता को भड़काया। अपने भाइयों और दोस्तों में रोम की संपत्ति बाँट दी। मंदिर का ख़ज़ाना लूट लिया। यह व्यक्ति रोम को बर्बाद कर देगा।"

जब सिसरो यह भाषण दे रहे थे, उस समय एंटनी मुतिना नामक नगर में थे। सिनेट ने उन पर आक्रमण की आज्ञा दी। ऑक्टेवियन की सेना ने वहाँ जाकर एंटनी पर विजय पाई। सिसरो इस घटनाक्रम से ख़ुश हो रहे थे, कि ऑक्टेवियन उनके चेले बन गए। मगर ऑक्टेवियन उनके भी गुरु निकले। वह जानते थे कि ये सिसरो जैसे वाचाल लोग सिर्फ़ ज़बान चलाते हैं, और षड्यंत्र रचते हैं। ऑक्टेवियन ने एंटनी और लिपिडस से मुलाक़ात की और कहा, "हमारे लड़ने का कोई अर्थ नहीं। हम तो जूलियस सीज़र की ही परंपरा के हैं। सदा उन्हीं के साथ रहे। षड्यंत्रकारी तो ये सिसरो जैसे सीनेटर हैं। हमें हाथ मिलाना होगा।"

ठीक जिस तरह कभी क्रैसस और पोम्पे के साथ मिलकर जूलियस सीज़र ने 'त्रिशासकदल' ('triumvirate') बनाया था, उसी तरह एंटनी और लिपिडस के साथ मिलकर ऑक्टेवियन ने दूसरा 'त्रिशासकदल' बनाया। अब ये तीनों रोम के कर्ता-धर्ता थे। इनका पहला उद्देश्य था चुन-चुनकर अपने शत्रुओं को मारना। एंटनी ने सबसे पहले अपने दो गुर्गों को भेजकर सिसरो की हत्या करवाई। विडंबना यह कि दोनों हत्यारे कभी सिसरो के चेले रहे थे। उनका कटा हुआ सिर और धड़ सार्वजनिक रूप से एक कील गाड़कर प्रदर्शित किया गया। एंटनी ने पहले कहा कि इसके हाथ काटो, जिससे वह मेरे ख़िलाफ़ लिखता था। उसके बाद उनकी पत्नी फुल्विया ने कटे हुए सिर से ज़बान खींचकर बाहर निकाली, और उसे अपने बालों में लगे पिन से छलनी कर दिया। सिसरो की ताक़त यह ज़बान ही तो थी।

कभी जूलियस सीज़र ने अपनी पुत्री का विवाह पोम्पे से कराकर गठबंधन पक्का किया था। अब एंटनी की सौतेली पुत्री से ऑक्टेवियन सीज़र ने विवाह किया। उनका भी गठबंधन पक्का हो गया। ऑक्टेवियन ने कहा, "सिसरो मर गया। अब ब्रूटस की बारी है!"

❋❋❋

जूलियस सीज़र को अधिक से अधिक तीस-चालीस सीनेटरों ने छुरा भोंका होगा, उनकी मृत्यु के अगले वर्ष तीन सौ से अधिक सीनेटरों को मौत के घाट उतार दिया गया। तीन हज़ार से अधिक सीज़र-विरोधियों को मारा गया। ऑक्टेवियन और एंटनी की जोड़ी हिंसा के चरम पर थी। सभी मारे जा रहे कुलीनों की संपत्ति क़ब्ज़ा कर वे अपने सैनिकों को दे रहे थे। इस लोभ में उनकी सेना बढ़ती ही जा रही थी।

दूसरी तरफ़ ब्रूटस, कैसियस, पोम्पे जूनियर (पोम्पे मैग्नस के पुत्र) और सिसरो के पुत्र उनके ख़िलाफ़ अपनी विशाल सेना तैयार कर रहे थे। ब्रूटस ने यूनान के क्रेते द्वीप पर अपना मुख्यालय बना लिया और उनकी थल सेना, नौसेना मिलाकर ठीक-ठाक ताक़तवर थी। शुरुआत में जब एंटनी ने अपनी सेना उनसे लड़ने भेजी, तो उन्हें कड़ी शिकस्त मिली। एंटनी के भाई, जो सेनापति थे, उन्हें मार डाला गया। ब्रूटस ने रोम में ख़बर भेजी, "सिसरो की हत्या का बदला हमने ले लिया है।"

यह ख़बर सुनकर ईसा पूर्व 42 में ऑक्टेवियन और एंटनी स्वयं समुद्र के रास्ते उन्हें हराने पहुँचे। आख़िर उन्हें जीत मिली। क्रैसस और ब्रूटस, दोनों ने आत्महत्या कर ली। अपने तमाम शत्रुओं को मारने के बाद ऑक्टेवियन और एंटनी ही आपस में सत्ता के लिए भिड़ गए। लेकिन, अंत में संधि हुई कि एड्रियाटिक सागर के पश्चिम ऑक्टेवियन राज करेंगे, और पूरब एंटनी। इस संधि को मज़बूत करने के लिए ऑक्टेवियन ने अपनी बहन का विवाह एंटनी से करा दिया।

ऐसी संधियाँ और ऐसे विवाह तो बस यूँ ही थे। अभी एंटनी की एक पुरानी प्रेमकथा मुकम्मल होनी थी। मिस्र की रानी क्लियोपेट्रा के तो एंटनी पुराने आशिक़ थे। जब तक जूलियस सीज़र थे, क्लियोपेट्रा पर सीज़र का हक़ था। अब तो सीज़र मर चुके थे, और क्लियोपेट्रा की ख़ूबसूरती बढ़ती ही जा रही थी। प्लूटार्क लिखते हैं, "सोने से लदी हुई क्लियोपेट्रा जब एक नाव पर एंटनी से मिलने आई, तो वह सुनहरे तकियों पर लेटी हुई थी, और उनकी सेविकाएँ पंखा झल रही थीं। यूँ लग रहा था जैसे वही साक्षात् वीनस देवी हों।"

एंटनी उनके प्रेम में इस क़दर पागल हुए कि सभी युद्ध, सभी महत्त्वाकांक्षाएँ भूल गए। वह उनके साथ बैठकर जुआ खेलते, शराब पीते, और उन्हें गहनों से

लाद देते। रोमवासियों को अंदेशा था कि क्लियोपेट्रा न सिर्फ़ अपने हुस्न से, बल्कि किसी नशीले पदार्थ के माध्यम से एंटनी के दिल-ओ-दिमाग़ पर पूरी तरह क़ब्ज़ा कर चुकी है। हालाँकि यह ऑक्टेवियन के लिए अच्छा ही था कि एंटनी से पीछा छूटा, मगर अब भी एंटनी के पास अपनी विशाल सेना थी। पोम्पे जूनियर से लड़ने के लिए उन्हें एंटनी की ज़रूरत थी। एंटनी ने क्लियोपेट्रा के मना करने के बाद भी युद्ध में ऑक्टेवियन का साथ दिया, और ईसा पूर्व 36 में पोम्पे जूनियर को हराकर मार डाला।

इसके बाद एंटनी पुनः क्लियोपेट्रा के पास आ गए। एंटनी की भले कोई महत्त्वाकांक्षा नहीं बची, लेकिन क्लियोपेट्रा की तो थी। वह एंटनी का सहारा लेकर पूरे रोम की महारानी बनना चाहती थी, और राजधानी सिकंदरिया में लाना चाहती थी। ऐसी कोशिश उन्होंने पहले जूलियस सीज़र को अपने पाश में बाँधकर भी की थी।

उन दिनों यह व्यवस्था थी कि ऐसे कुलीन अपनी वसीयत रोम के मंदिर में जमा कर देते थे। ऑक्टेवियन सीज़र को मालूम पड़ा कि 'वेस्टल वर्जिन' (मंदिर की दासी) के पास एंटनी की वसीयत जमा है, जिसमें उन्होंने अपनी संपत्ति क्लियोपेट्रा के नाम कर दी है। वह एक वर्जिन के साथ रात बिताकर वह वसीयत हथिया लाए। ऐसे वर्जिनों के साथ जूलियस सीज़र भी सोते रहे थे, तो यह भी ख़ानदानी हथकंडा ही था। उन्होंने सिनेट में वसीयत पढ़ी, जिसमें लिखा था, "मेरी मृत्यु चाहे कहीं भी हो, मुझे सिकंदरिया में क्लियोपेट्रा के साथ ही दफ़नाया जाए।"

यह स्पष्ट था कि अब एंटनी पूरी तरह क्लियोपेट्रा के प्रेम में उनके दास बन चुके हैं। ईसा पूर्व 31 में एंटनी और क्लियोपेट्रा ने रोम पर चढ़ाई कर दी, जिसमें उनकी हार हुई। वे भागकर मिस्र पहुँचे, लेकिन जल्द ही ऑक्टेवियन ने उन पर आक्रमण कर दिया। एंटनी की सेना ने जब घुटने टेक दिए तो क्लियोपेट्रा ने संदेश भेजा, "मैं आत्महत्या कर रही हूँ।" यह सुनकर एंटनी ने स्वयं को छुरा भोंक लिया। मरणासन्न एंटनी को क्लियोपेट्रा के पास लाया गया, और उनकी बाँहों में वह चल बसे। क्लियोपेट्रा को गिरफ़्तार कर लिया गया, लेकिन उन्होंने अपने पास छिपाए एक विषैले कीड़े के डंक से अपनी जान दे दी। शेक्सपियर उनके अंतिम शब्द

अपने नाटक 'एंटनी एंड क्लियोपेट्रा' में कुछ इस तरह लिखते हैं, "As sweet as balm, as soft as air, as gentle, —O Antony!—Nay, I will take thee too.—What should I say?"

वहीं जूलियस सीज़र से हुआ उनका पुत्र भी मौजूद था। जूलियस सीज़र के दत्तक पुत्र ऑक्टेवियन ने उनके जैविक पुत्र को मार डाला, क्योंकि सीज़र अब सिर्फ़ उपनाम नहीं था। रोम में सीज़र सिर्फ़ एक ही हो सकता था। कोई दूसरा नहीं।

# पैक्स रोमाना

एक दशक के रक्तपात के बाद शांति आई। ऑक्टेवियन सीज़र से शुरू होकर अगली दो सदियों तक के इस कालखंड का नाम ही पड़ गया 'पैक्स रोमाना' ('Pax Romana') यानी रोम की शांति। कहते हैं यूरोप में ऐसी शांति इसके बाद सीधे द्वितीय विश्व युद्ध के बाद ही आई। शांति आती कैसे नहीं? सभी तो मारे जा चुके थे। अकेले ऑक्टेवियन बच गए थे। अपनी शुरुआती दुर्दांत क्रूरता के बावजूद वह रोम के सबसे स्थिर और समझदार शासक बने। उनका तकियाकलाम था 'festina lente' अर्थात् 'जल्दी करो, मगर हौले-हौले'।

उन्होंने गणतंत्र का औपचारिक अंत नहीं किया, मगर ईसा पूर्व 43 से ईसा पूर्व 23 तक वह रोम के प्रधानमंत्री बने रहे। जब बीस साल गुज़र गए, फिर सोचा कि अब गणतंत्र जब मुझे ही चलाना है तो राजा ही बन जाता हूँ। अगले चार दशक तक वह राजा बने रहे। इस तरह साठ वर्ष तक शासन किया। इन साठ वर्षों में उन्होंने रोम बदल डाला। अगर उन्हीं के शब्दों में कहूँ, "मुझे रेत का बना रोम मिला था, मैंने इसे संगमरमर का बना दिया।"

राजा बनने के बाद भी ऑक्टेवियन ने सिनेट को भंग नहीं किया। उसे 'सिविल-सर्विस' जैसी व्यवस्था बना दी। वे लोग शांत क्षेत्रों में प्रशासन का कार्य सँभालते। जो भी अशांत क्षेत्र या युद्ध क्षेत्र थे, वह ऑक्टेवियन ने अपने हाथ में रखा। यानी रक्षा मंत्रालय स्वयं राजा के पास, अन्य मंत्रालय सिनेट के पास। सेना उन्हीं के हाथ में थी, तो कोई तख़्तापलट कैसे करता?

इसके बाद वह धर्मराज बन गए, और रोम में धर्म का विस्तार शुरू किया। सैकड़ों नए मंदिर बना दिए, और रोम वासियों को धर्मनिष्ठ बनने के लिए प्रेरित करने लगे। उन्होंने बाक़ायदा आदर्श जीवन की नीतियाँ बनाईं, और कुलीनों को भी सात्त्विक जीवन जीने के लिए प्रेरित किया। इसके लिए दो कवियों वर्जिल

और होरेस से ग्रंथ लिखवाए गए। उनकी कविताओं में शांति और सहिष्णुता की बातें होतीं। वर्जिल ने लिखा, "तुम रोम पर शासन करना चाहते हो? पहले अपनी आत्मा पर शासन करना सीखो।"

इसे पढ़कर जनता भी तलवार उठाने के बजाय आध्यात्मिक होती गई, और देवालयों में समय गुज़ारने लगी। अब वापस देखने पर यह सोची-समझी चाल भी लग सकती है, कि जनता को धर्म-कर्म में लगाकर अपनी सत्ता निर्विरोध बनाए रखो। आख़िर यह सहिष्णुता का ज्ञान बाँटने वाले व्यक्ति तो अपने भाइयों और अभिन्न मित्रों का ख़ून बहा चुके थे। जनता ने ऑक्टेवियन को 'ऑगस्तस' की उपाधि दे दी, जिसका अर्थ था पूज्य, पवित्र। जूलियस सीज़र के नाम पर जुलाई महीना बना, तो ऑगस्तस के नाम पर अगस्त बना दिया गया।

उन्होंने पहली बार एक और कार्य किया। अपने धर्म-प्रचार के लिए भिन्न-भिन्न देशों में दूत भेजे। वे अपने देवी-देवताओं और संस्कृति का विस्तार करते। उन्होंने भारत, लंका और चीन तक अपने दूत भेजे, और व्यापार के मार्ग खोले। कई रीतियाँ इन देशों से मिलती थीं। देवी-देवता और उनसे जुड़ी कथाएँ तो थीं ही, जीवन-शैली और पहनावों में भी साम्य थे। सिर्फ़ शवदाह की परंपरा ही नहीं, बल्कि रोम में शोक के समय सिर मुँडाने की भी परंपरा थी। एक ख़ास वर्णन मिलता है कि जब जर्मैनिक कबीलों से रोमन सेना को हार मिली, और कई प्रिय-परिजन मारे गए, तो रोम-वासियों ने सिर मुँडा लिए। ऑक्टेवियन ने अपना सिर मुँडाने से मना कर दिया। वह अपने जनरल को कहने लगे, "मैं नहीं मानता इस शोक को। मुझे मेरे हारे हुए क्षेत्र वापस चाहिए।"

ऑक्टेवियन 'ऑगस्तस' ने रोम को संपूर्ण पृथ्वी का धर्म-केंद्र बनाने का ठान लिया। उन्होंने अपने दामाद अग्रिप्पा के निर्देशन में विश्व के सभी देवताओं का एक विशाल मंदिर 'पैंथियॉन' बनवाया। चमचमाती सड़कें बनीं। संगमरमर के कार्यालय बने। तीर्थ की व्यवस्थाएँ हुईं। जब ऑक्टेवियन ऑगस्तस सीज़र धर्म का झंडा लहरा रहे थे, उस समय उनके ही साम्राज्य के पूर्वी छोर पर एक शिशु का जन्म हुआ। यूँ तो उस कालखंड के रोमन इतिहासकारों ने उनकी चर्चा नहीं की, लेकिन आज वह जन्म ही रोम का धर्म और रोम की तारीख़ तय करता है। अगर हिंसा और रक्तपात के मूर्त रूप ऑक्टेवियन ने रोम में शांति लाई, तो अहिंसा और

शांति के दूत यीशु का जन्म रोमन शांति, धर्म और साम्राज्य का अंत लाने वाला था।

✲✲✲

यीशु का जन्म होना या उनका होना इतिहासकारों के लिए पहेली रही है। लेकिन, एक बात पर सहमति है कि यूनानी, मिस्र और रोमन साम्राज्यों के बहुदेववाद के मध्य कुछ एकेश्वरवाद की पौध मौजूद थी। ये कितने लोग थे, किस तरह अपने संप्रदाय को बचाकर रख रहे थे, यह कहना कठिन है।

अगर धार्मिक मान्यताओं से एक ख़ाका बनाएँ तो आदम के बाद अब्राहम और अब्राहम के बाद याकूब ('Jacob') के वंशजों के बारह कबीलों ने मिलकर एक इज़राइल प्रांत बसाया। अन्य मान्यता यह है कि याकूब के एक पुत्र यहूदा ('Juda') ने अपने समर्थक कबीलों के साथ 'यूदाया' ('Judea') प्रांत बसाया। रोमन इतिहासकारों ने सिर्फ़ यूदाया प्रांत का ज़िक्र किया है, तो मैं यहाँ इज़राइल न लिखकर यूदाया ही लिखता हूँ।

आगे मान्यता यह है कि मिस्र के फ़िरौन के समय मूसा का 'यहोवा' (ईश्वर) से साक्षात्कार हुआ, तो उन्होंने इस प्रांत के कबीलों को ईश्वर से मिले दस आदेश दिए। पहला आदेश यह था कि तुम मेरे अलावा किसी ईश्वर को नहीं पूजोगे। दूसरा आदेश यह था कि तुम मेरी किसी तस्वीर या मूर्ति को नहीं पूजोगे। इसके अतिरिक्त आठ और आदेश थे जो 'Ten Commandments' कहलाते हैं।

यह ख़ाका सिर्फ़ इसलिए रखा कि रोमन साम्राज्य में एकेश्वरवाद के होने की एक पृष्ठभूमि मिले। इस यूदाया प्रांत पर अलग-अलग समय क्रमशः बेबीलोन, असीरिया, फ़ारस, यूनानी (सिकंदर आदि), और रोमन आधिपत्य रहा। इनमें से फ़ारस के ज़रथुष्ट्र संप्रदाय (पारसी) के अतिरिक्त बहुधा मूर्तिपूजक और बहुदेववादी थे। मुमकिन है सत्ता के अभाव में इनके लिए एकेश्वरवाद बचाना कठिन रहा होगा।

रोमन साम्राज्य में ये मौजूद थे, और लिखित इतिहास में 'लाइमलाइट' मिलना भी शुरू हुआ। ऑक्टेवियन सीज़र के समय जब रोम का शांतिकाल आया, तो इनमें प्रतिभाशाली लोगों ने रोम नगर में प्रवास शुरू किया। ये उद्यमी और पूँजी की समझ वाले लोग थे, तो समृद्ध क्षेत्रों में इनकी पैठ जल्दी बन जाती।

उन दिनों इनके यूदाया प्रांत में सीज़र ने राजा हेरोद को बिठा रखा था। मान्यता है कि उन्हीं राजा हेरोद के समय बेथलहम में यीशु का जन्म हुआ। इसमें एक ट्विस्ट यह भी है कि राजा हेरोद को बताया गया कि बेथलहम में भविष्य के राजा का जन्म हो रहा है। यह सुनकर उन्होंने कई शिशुओं को मरवा दिया। मगर, यह बात भी ऐतिहासिक नहीं। सिर्फ़ राजा हेरोद की यूदाया प्रांत की ज़मींदारी ही प्रामाणिक है।

वह आज के कैलेंडर के हिसाब से ईसा पूर्व ही चल बसे, और उसके बाद उनके बेटों ने प्रांत बाँट लिया। रोम में 14 ईस्वी तक ऑक्टेवियन ऑगस्तस सीज़र का राज रहा। वह लगभग अस्सी वर्ष के हो चले थे, जब उनकी मृत्यु हुई। समस्या यह थी कि उन्होंने अपना कोई क़ाबिल उत्तराधिकारी नहीं चुना था। सिर्फ़ उनके सौतेले पुत्र टाइबेरियस बचे थे, जिनको राजा बनने की कोई इच्छा नहीं थी। उनको जंगल में घूमना, द्वीपों पर जीवन बिताना पसंद था। उनकी भी उम्र छप्पन वर्ष हो गई थी, अब क्या शासन करते? लेकिन, राजा तो बनना पड़ा।

टाइबेरियस को पूछा गया कि जुलाई, अगस्त के बाद अब आपके नाम पर कौन सा महीना रख दें? टाइबेरियस ने चिढ़कर कहा, "हर सीज़र के नाम पर एक महीना रखोगे, तो तेरहवें सीज़र के नाम पर क्या रखोगे? मुझे कोई महीना अपने नाम पर नहीं रखवाना।"

रोमन इतिहासकारों ने उनकी छवि बनाई है, कि सबसे एकांत जीवन जीने वाले राजा हुए। वह तो राज भी रोम से दूर द्वीप पर रहकर चिट्ठियाँ लिखकर करते। लेकिन, ईसाई मतों के अनुसार उन्हीं के काल में यीशु को सूली पर लटकाया गया।

❋❋❋

टाइबेरियस नियति से बने राजा थे, जिन्हें न जनता पसंद करती थी, न उनके पूर्ववर्ती राजा ऑक्टेवियन ऑगस्तस ही। उनसे अधिक क़ाबिल व्यक्ति थे उनके अपने दत्तक पुत्र और परिवार के दामाद जर्मैनिकस। उन्हें रोमन इतिहास में सिकंदर महान के समकक्ष माना जाता है, क्योंकि उन्होंने कम उम्र में कई जीतें दिलाईं। जर्मैनिक कबीलों को हराया, और शाही सेना के सेनापति बने। जनता उनमें अगला सीज़र देख रही थी।

एक दिन अचानक जर्मैनिकस चल बसे। उनकी पत्नी अग्रिपीना (ऑक्टेवियन सीज़र की पोती) ने टाइबेरियस पर षड्यंत्र का आरोप लगाया। जनता में विद्रोह का आह्वान करने लगी, तो उन्हें गिरफ़्तार कर देशनिकाला दे दिया गया। इसकी संभावना कम है कि टाइबेरियस ने ऐसा किया हो। वह तो स्वयं को सीज़र कहलाना पसंद नहीं करते। अपने नाम पर महीना नहीं रखवाया। उन्होंने कई इमारतें बनवाईं, लेकिन उन पर सिर्फ़ पूर्वजों का नाम खुदवाया, अपना नहीं।

उनके विषय में वर्णित एक मशहूर विकृति है कि वह स्त्रियों के साथ यौन-संबंध भी स्वयं नहीं स्थापित करते। उन्हें रोज़ अपने कमरे में बुलाकर किसी अंगरक्षक या अन्य पुरुष से रति-क्रिया करवाते और स्वयं शराब पीते हुए निहारते।

बूढ़े और अक्षम दिख रहे टाइबेरियस के शाही सेनापति ('Praetorian Guard') बने—सेजानस। वह षड्यंत्रकारी व्यक्ति थे, और जर्मैनिकस की मृत्यु में उनका हाथ हो सकता था। उन्होंने 26 ईस्वी में टाइबेरियस को कहा, "आप कैप्री द्वीप पर जाकर आराम करें। अपने आदेश चिट्ठियों से देते रहें, मैं यहाँ प्रशासन सँभाल लूँगा।" टाइबेरियस वाक़ई रोम छोड़कर उस द्वीप पर चले गए, और अपनी मृत्यु तक वहीं रहे।

इसी काल में मुमकिन है कि यहूदियों में एक नई शाखा का जन्म हो रहा हो। कोई व्यक्ति ऐसे हों, जो स्वयं को ईश्वर के प्रतिनिधि कह रहे हों। यह बात मूसा ने कही थी कि एक मसीहा आएँगे, लेकिन वह प्रतीक्षा तो आज तक यहूदी कर रहे हैं।

यीशु का नाम बाइबल के 'ओल्ड टेस्टामेंट' में नहीं है। वह किताबें यहूदियों के धर्मग्रंथ 'तनख़' पर आधारित हैं, जिसमें सृष्टि से बात शुरू होकर पवित्र भूमि (येरुशलम) की ओर मनुष्य के पलायन की बात है। उसमें एक संकेत है कि कोई मनुज परमेश्वर का पुत्र बनकर आएगा। 'न्यू टेस्टामेंट' में यीशु की जीवनी है, जो संभवतः 70 ईस्वी के बाद लिखी गई। उससे पूर्व इतिहासकार टैसिटस 64 ईस्वी में रोम में लगी आग का वर्णन करते हैं, जहाँ पहली बार एक 'क्राइस्टस' नाम की चर्चा है। उन्होंने लिखा है, "'क्रिश्चियन' की उत्पत्ति 'क्राइस्टस' से है, जिसे टाइबेरियस के काल में पोन्टियस पिलातुस ने कड़ी सज़ा दी थी। उससे एक अंधविश्वास का

जन्म सबसे पहले यूदाया प्रांत में हुआ। चूँकि रोम में दुनिया की शर्मनाक और बुरी चीज़ें जल्दी जगह बना लेती हैं, यह भी आ गया...। एक अपराधी को भी अगर बुरी यातना दी जाए, तो उसके प्रति संवेदना जन्म ले ही लेती है।"

इतिहासकारों के अनुसार रोमन साम्राज्य में यह नीति रही थी कि यहूदियों या किसी अन्य पंथ के निजी मामलों में दख़ल कम दी जाए। सेजानस ने 26 ईस्वी में पोन्टियस पिलातुस नामक व्यक्ति को यूदाया का राज्यपाल (गवर्नर) नियुक्त किया। उसी दौरान यहूदियों के धर्म न्यायालय 'सेन्हेद्रिन' ने इस नए उभरते पंथ के लोगों को सज़ाएँ देनी शुरू कीं। टैसिटस के अनुसार इन सज़ाओं में जंगली जानवरों द्वारा भक्षण कराना, सूली पर लटकाना, आग लगाना आदि थे। हालाँकि ईशनिंदा ('blasphemy') की लिखित सज़ा पत्थरों से मार-मारकर मृत्यु देना थी। नाज़रेथ क्षेत्र के यीशु नामक व्यक्ति को इनमें से एक सज़ा मिलने की संभावना है। यह घटना जिन लोगों ने देखी-सुनी होगी, उन्होंने इसका अलग-अलग वर्णन लिखना शुरू किया होगा, जिसने संपादित परिष्कृत होकर 'न्यू टेस्टामेंट' का रूप लिया। (देखें अनुच्छेद)

उस समय राजा टाइबेरियस को यह शंका हुई कि सेजानस अधिक शक्तिशाली होते जा रहे हैं, और मनमर्ज़ी चला रहे हैं। उन्होंने एक दिन अपने द्वीप पर सिनेट और सेजानस को बुलाया। वहाँ सेजानस पर आरोपों की फ़ेहरिस्त सुनाई गई, और वहीं गला घोंटकर मार दिया गया। सेजानस को मृत्युदंड देकर टाइबेरियस ने अपना नया उत्तराधिकारी चुन लिया। यह उत्तराधिकारी थे उनके प्रतिद्वंद्वी माने जाते रहे जर्मैनिकस के पुत्र 'कलिगुला' ('Caligula')। कलिगुला का अर्थ है—छोटे जूते, क्योंकि वह बचपन से ही अपने पिता के साथ फ़ौजी जूते पहनकर घूमते थे।

एक दिन जब टाइबेरियस मरणासन्न अवस्था में थे, तो कलिगुला नए शाही सेनापति मैक्रो के साथ उनसे मिलने गए। उन्होंने कहा, "आपकी अब उम्र हो गई है। अपने प्राण त्यागकर मुझे रोम सौंप दें।" यह कहकर उन्होंने एक तकिए से उनकी साँस घोंटकर मृत्यु दे दी। रोम वासी उल्लास में चिल्लाए— 'टाइबेरियस गया टाइबर (नदी) में'।

जूलियस और ऑगस्तस जैसे ताक़तवर सीज़र के बाद आए यह ढीले-ढाले, अनचाहे टाइबेरियस इतिहास में गुमनाम ही रह जाते। उनका नाम किसी शिलालेख, किसी इमारत पर नहीं मिलता। लेकिन, वह इकलौते सीज़र बने, जिनका नाम लाखों लोग आज भी पढ़ते हैं। भले बदनाम सही, मगर बाइबल के लूका अध्याय, खंड 3 की पहली पंक्ति टाइबेरियस से शुरू होती है।

❋❋❋

कलिगुला की छवि एक पागल और सनकी राजा की है। अनुमान लगते हैं कि किसी बीमारी के बाद वह अजीबोग़रीब हरकतें करने लगे। बीमारी के दौरान ही एक सीनेटर अफ्रैनियस ने चापलूसी करते हुए कहा, "सीज़र! आपके जीवन के लिए मैं जान देने को भी तैयार हूँ।"

कलिगुला ने कहा, "ठीक है। इनकी जान यहीं ले ली जाए।" अफ्रैनियस को मार दिया गया। उन्होंने अपने सौतेले भाई गेमेलस (टाइबेरियस के पोते) और शाही सेनापति मैक्रो को भी मरवा दिया। जो भी विरोध करता, उसे तो ख़ैर मरवा ही देते। उनकी सनक के कई आयाम थे।

कलिगुला स्वयं गंजे थे, तो जिनके भी अच्छे बाल देखते, उनका आधा सिर गंजा करवा देते। अपनी बहन की मृत्यु पर उन्होंने रोम में हँसने पर पाबंदी लगा दी थी, और जो भी हँसते हुए पाया जाता, उसे मृत्युदंड दे दिया जाता। वह स्वघोषित भगवान बन गए। अपना एक कलिगुला पंथ बना लिया, और अपने मंदिर बनवा लिए। हद तो यह कि पहले से उपस्थित देवी-देवताओं की मूर्तियों के सिर काटकर अपने सिर की मूर्ति लगा दी। उनकी इन हरकतों से जनता नफ़रत करने लगी थी। जब उन्हें मालूम पड़ा तो ठहाके लगाते हुए कहा, "जब तक वे मुझसे डरते हैं, करने दो नफ़रत! जो मुझसे नहीं डरता हो, उसे मार दो।"

उनके पूर्व रहे राजा टाइबेरियस भले ही कमज़ोर थे, लेकिन उन्होंने रोम का ख़ज़ाना अपनी कंजूसी से भर दिया था। कलिगुला ने अपनी इन अय्याशियों पर सरकारी ख़ज़ाने ख़ाली कर दिए। वह कहते कि अगर राजा भी कंजूस हो, तो राजा काहे का? ('A man must either be frugal or a Caesar' - सूटोनियस लिखित क्रॉनिकल में)

उनके पिता जितने ही वीर और कुशल जनरल रहे, कलिगुला उनके विपरीत युद्धभूमि में भी चादर तानकर सोने वाले हुए। एक क़िस्सा है कि ब्रिटेन के गॉल (सेल्टिक) ने रोमन साम्राज्य से बग़ावत कर अपनी सत्ता पुनः स्थापित कर ली थी। कलिगुला वहाँ सेना लेकर गए। यूरोप के पश्चिमी तट पर समंदर किनारे उन्होंने अपने सैनिकों से कहा, "ब्रिटानिया में क्या रखा है? असली ख़ज़ाना तो यहाँ रेत में है। तुम लोग यहाँ बिछी सारी सीपियाँ चुनकर जमा करो। यह समुद्र का ख़ज़ाना है।" वह इन सीपियों से भरे झोले लेकर रोम आए, और जनता के मध्य प्रदर्शित किया कि हम यह ख़ज़ाना लूटकर आए हैं!

जनता अब इस शहंशाह के पागलपन से पक चुकी थी। 41 ईस्वी में एक दिन अपने महल की मुंडेर पर बैठे वह शाही खेल देख रहे थे। उन्होंने देखा कि सैनिकों के एक प्रतिनिधि कैसियस उनकी ओर आ रहे हैं, तो हँसते हुए कहा, "आओ कैसियस! तुम्हारी लड़कियों जैसी आवाज़ सुनना भी एक मनोरंजन है।"

कैसियस ने क़रीब आकर कलिगुला को छुरा भोंक दिया। इसके साथ ही आस-पास खड़े अन्य कुलीनों ने भी छुरा भोंकना शुरू किया। जूलियस सीज़र की ही तरह, लेकिन अधिक नाटकीय अंदाज़ में यह घटना हो रही थी। सामने मैदान में खेल चल रहा था, और वहीं ऊपर मंच पर राजा को छुरे भोंके जा रहे थे। जनता के लिए तो यह खेल अधिक रोमांचक था, जब उनका यह सनकी राजा मारा जा रहा था। यह खेल अधिक वीभत्स होता गया, जब उनकी पत्नी और बच्चे को भी सार्वजनिक मृत्यु दी गई।

तभी उन्होंने पर्दे के पीछे छिपे कलिगुला के चाचा क्लॉडियस को देखा। वह परिवार के बदसूरत और मंदबुद्धि माने जाने वाले व्यक्ति थे, तो उनको सार्वजनिक जीवन से दूर रखा जाता। उनकी नाक बहती रहती, बेढंग हँसी हँसते, शरीर खुजलाते रहते। लेकिन, वह इतने बेवक़ूफ़ भी नहीं थे। जब उन्हें पकड़ने गए तो उन्होंने कहा, "मुझे मत मारो। मैं पंद्रह हज़ार मुद्राएँ अभी के अभी दे सकता हूँ।" घूस खाकर उन कुलीनों ने क्लॉडियस को मंच पर लाया, और जनता के समक्ष कहा, "हमारे नए सीज़र क्लॉडियस का स्वागत कीजिए!"

आश्चर्यजनक रूप से क्लॉडियस एक ठीक-ठाक क़ाबिल शासक रहे, और उन्होंने ही 43 ईस्वी में ब्रिटेन पर निर्णायक विजय दिलाकर उसे पूरी तरह रोमन

साम्राज्य का हिस्सा बनाया। वहाँ की भाषा लातिन बनाई गई, रोमन संस्कृति और शिक्षा लाई गई। धीरे-धीरे वे असभ्य माने जाने वाले सेल्टिक मूल के लोग भविष्य के 'सभ्य अंग्रेज़' बनने लगे।

❋ ❋ ❋

*"अगर वह राजा बनेगा, तो वह अपनी माँ की हत्या करेगा।" "अगर वह राजा बने, तो मुझे उसके हाथों मरना मंज़ूर है।"*

—नीरो की माँ अग्रिपीना और एक ज्योतिषी का संवाद

राजा क्लॉडियस ने ब्रिटेन पर विजय दिलाने के साथ-साथ रोम में कई सड़कें, और मंदिर बनवाए। कलिगुला के परिवार के खोटे सिक्के कहे जाने वाले व्यक्ति का राज अच्छा ही रहा। ऐसा कहा जाता है कि उनके सभी मुख्य निर्णय उनकी पत्नियाँ लेती थीं। उनकी भतीजी यानी कलिगुला की बहन अग्रिपीना ने उनसे विवाह कर लिया। उन्होंने प्रेम का हवाला दिया, लेकिन उनका उद्देश्य स्पष्ट था। उन्हें अपने पुत्र को रोम की गद्दी पर बिठाना था। क्लॉडियस ने अपने इस सौतेले पुत्र को नाम दिया—नीरो। चूँकि नीरो उनके अपने पुत्र ब्रिटैनिकस से तीन साल बड़े थे, तो वही उत्तराधिकारी बने।

लेकिन, क्लॉडियस को धीरे-धीरे यह इच्छा होने लगी कि उनका अपना ख़ून ही राजा बने, सौतेला नहीं। वह ब्रिटैनिकस को राजकाज की शिक्षा देने लगे, जबकि दूसरी तरफ़ उनकी पत्नी अग्रिपीना नीरो को युद्ध-कौशल की शिक्षा दिलवा रही थी। एक दिन अग्रिपीना ने रोम के एक मशहूर विष-निर्माता लोकस्टा से मारक ज़हर बनवाया, और उसे कुकुरमुत्ते की सब्ज़ी में डालकर राजा को परोस दिया। क्लॉडियस कुकुरमुत्ते (mushroom) को ईश्वर का भोजन कहते थे, और उन्होंने रस ले-लेकर भोजन किया। जैसे-जैसे वह चटखारे लेकर खा रहे थे, नीरो और उनकी माँ उन्हें मरता हुआ देख रहे थे। नीरो ने हँसकर कहा, "ईश्वर का भोजन खाकर पूज्य पिताजी ईश्वर के पास पहुँच गए।"

54 ईस्वी में मात्र सत्रह वर्ष की अवस्था में नीरो रोम के सबसे युवा शहंशाह बने। जब मूँछें भी नहीं आई हों, उस समय दुनिया के विशालतम साम्राज्यों की गद्दी

पर बैठना अपने-आप में एक 'किक' देता है। नीरो की तो शुरुआत ही पितृहत्या से हुई थी, तो कुटिलता का भरपूर इंजेक्शन ले रखा था।

नीरो का विवाह क्लॉडियस की बेटी (अपनी सौतेली बहन) से ही हुआ था। उनके सौतेले भाई ब्रिटैनिकस भविष्य में ख़तरा बन सकते थे, तो उन्होंने लोकस्टा की मदद से वही ज़हर बनवाया। अपने भाई को सार्वजनिक भोज में बिठाकर तरह-तरह के विषयुक्त व्यंजन खिलाए। जब उनके मुँh से झाग आने लगा, तो गोद में बिठाकर पानी पिलाया और कहा कि मेरे भाई को मिरगी की बीमारी बचपन से है। इस तरह पिता के बाद अपने भाई को मार डाला।

लेकिन, नीरो अन्यथा कलात्मक व्यक्ति थे। उनके गुरु सेनेका उन्हें दर्शन की शिक्षा देते। नीरो बचपन से ही चित्रकार और संगीत विद्यार्थी थे। उनके बाँसुरी बजाने की चर्चा अधिक होती है, लेकिन इतिहासकार उन्हें प्रमुखतः लायर (संतूर की तरह यंत्र) वादक बताते हैं। वह ख़ाली समय में कविताएँ, और किताबें भी लिखते। जब उनकी माँ ने देखा कि वह उनकी बजाय अपने गुरुओं (सेनेका और बूरस) की अधिक सुन रहे हैं, तो उन्होंने डाँट लगाई। उन्होंने कहा कि वह राजा हैं, यूँ गाने-बजाने में समय न व्यर्थ करें।

बचपन में ही नीरो को एक भविष्यवक्ता ने कहा था कि वह अपनी माँ की हत्या करेंगे, लेकिन नीरो द्वंद्व में थे कि करें कैसे। उनके गुरुओं ने सुझाव दिया कि एक दोषयुक्त नाव बनाई जाए, जो समुद्र में कुछ दूर चलकर डूब जाए। ऐसी एक नाव बनाकर उन्होंने अपनी माँ को एक यात्रा पर भेजा। कुछ दूर जाकर नाव तो डूब गई, लेकिन उनकी माँ एक क़ाबिल तैराक भी थीं। वह बचकर लौट आईं। उन्हें यह तो अंदाज़ा हो गया कि यह उनके पुत्र की ही योजना है। यह बात जब उन्होंने सार्वजनिक रूप से कही, तो नीरो ने राजद्रोह के आरोप पर उन्हें गिरफ़्तार करने सैनिक भेजे। अग्रिपीना ने कहा, "तुम लोग मुझे मारने आए हो। मैं तैयार हूँ। लेकिन, इस तलवार का पहला वार उस गर्भ पर करना, जिससे मैंने अपने पुत्र को जन्म दिया था।" उन्होंने ऐसा ही किया, और इस तरह नीरो अपने पिता, अपने भाई और अपनी माता की हत्या कर विचित्र रूप से ग्लानि से भर गए।

उन्होंने इस शोक में 'लुवनालिया' नामक एक संगीत सभा का आयोजन किया, जहाँ उन्होंने पहली बार अपनी नई-नई जन्मी दाढ़ी की सार्वजनिक हजामत

करवाई। उसके बाद अपनी पहली मंचीय प्रस्तुति में क़रुणा रस के गीत गाए, साज़ बजाए। ताली बजाने के लिए पाँच हज़ार लोगों को पहले ही नियुक्त कर दिया गया था। उसके बाद वह यूनान गए, जहाँ संगीत की सबसे बड़ी प्रतियोगिता होती। स्वाभाविक रूप से प्रथम पुरस्कार उन्हें ही दिया गया। वर्णित है कि उनके इस कार्यक्रम में किसी दर्शक को भागने की इजाज़त नहीं थी, जब तक कोई आपातकालीन स्थिति न हो। हालत यह हो गई कि स्त्रियाँ वहीं बच्चा जनने लगीं, लोग बेहोश होकर गिरने लगे, ताकि किसी तरह इस बेसुरे संगीत से मुक्ति मिले।

इन सनक भरे क़िस्सों के मध्य रोम में एक नया-नया जन्मा संप्रदाय अपनी पैठ बना रहा था। रोम में आग लगने वाली थी, जो दो-तिहाई रोम को भस्म कर देने वाली थी। एक रोमन राजा इसकी ज़िम्मेदारी उस पंथ पर थोपने वाला था, जिसे दुनिया में कोई जानता ही न था। रोम में 'क्रिश्चियन' शब्द जन्म लेने वाला था।

❋ ❋ ❋

'रोम जलता रहा, नीरो बंसी (या फ़िडल) बजाते रहे'

यह एक ऐसा 'फ़ेक-न्यूज़' है, जिसने दुनिया की रंगत बदल दी। इस एक मिथ्या से न सिर्फ़ संपूर्ण यूरोप और अमेरिका का ईसाईकरण बल्कि ईसाइयों का विभाजन (कैथोलिक और प्रोटेस्टेंट) भी जुड़ा है। दरअसल वायलिन/फ़िडल जैसी चीज़ें उस वक़्त थीं ही नहीं। न उस कालखंड के किसी रोमन इतिहासकार ने ऐसा लिखा।

18 जुलाई, 64 ईस्वी को रोम में भयानक आग अवश्य लगी, जो हफ़्ता भर या अधिक चलती रही। यह 18 जुलाई वही तारीख़ है, जब चार सौ वर्ष पूर्व (ईसा पूर्व 387) रोम को गॉल ने नेस्तनाबूद किया था। रोमन इतिहास में यह एक शोक का दिवस है, जब दो बार रोम ध्वस्त हुआ। नीरो उस समय क्या कर रहे थे? इस प्रश्न के उत्तर के साथ इतिहास को बदलते देखिए।

उस भयानक आग के समय नौ वर्ष आयु के रहे रोमन इतिहासकार टैसिटस के अनुसार— 'नीरो रोम से दूर अपने जन्मस्थान एंटियम (अब एंज़ियो) में थे। वह लायर (हार्प या संतूर जैसा यंत्र) बजा रहे थे। जब उन्हें जानकारी मिली, वह फ़ौरन रोम की रक्षा के लिए भागे और आग बुझाने के प्रयास करवाए।'

आग के पाँच वर्ष बाद पैदा हुए सूटोनियस के अनुसार— 'नीरो को रोम की पुरानी बस्तियाँ पसंद नहीं थीं। उन्होंने स्वयं पूरे रोम में आग लगवाई। उनके आदमी मशाल लेकर घूम रहे थे, और जान-बूझकर आग लगा रहे थे।'

इस घटना के डेढ़ सौ वर्ष बाद डियो के अनुसार— 'नीरो ने अपने कुछ शराबी और शरारती गुर्गों को भेजकर आग लगवाई। नीरो स्वयं यह तमाशा ऊपर पैलेटाइन पहाड़ के राजमहल से खड़े होकर देख रहे थे, और लायर बजाते हुए गीत गा रहे थे, जिसे उन्होंने नाम दिया—ट्रॉय पर क़ब्ज़ा।'

तीनों इतिहासों को मिलाकर देखा जाए, तो टुकड़ों-टुकड़ों में सच मिल सकता है। जब नीरो लायर बजा रहे थे, उस समय उन्हें आग लगने की ख़बर मिली। वह रोम पहुँचे, और आग पर बेहतर निगरानी के लिए एक पहाड़ की ऊँचाई से देखने लगे। अपनी राजधानी को जलते देख, संभव है कि उन्होंने उस पहाड़ी पर ट्रॉय पर क़ब्ज़े से जुड़ा करुणामय यूनानी गीत गाया हो। हालाँकि इससे नीरो कोई बेहतर शासक साबित नहीं होते। प्रश्न यह है कि इतिहास बदला क्यों गया।

इसका उत्तर भी टैसिटस का लिखा पढ़कर मिल सकता है। वह लिखते हैं— "नीरो ने इस आग की ज़िम्मेदारी एक घृणास्पद समुदाय 'क्रिश्चियन' पर तय कर दी। यह किसी 'क्राइस्टस' नामक व्यक्ति से जन्मा समुदाय था, जिसे टाइबेरियस के राज में पोन्टियस पिलातुस ने सज़ा दी थी…। उनके समुदाय के लोगों को भयानक यातनाएँ दी गईं। नीरो ने उन्हें पागल कुत्तों के सामने फिंकवा दिया। सूली पर टाँग दिया। ज़िन्दा जला दिया…। हालाँकि इन यातनाओं ने रोमवासियों में इस समुदाय के प्रति घृणा के बजाय संवेदना का संचार किया।"

माना जाता है कि इन्हीं यातनाओं में यीशु के दो देवदूतों पॉल और पीटर को भी मार दिया गया। आधुनिक इतिहासकारों का बहुमत मानता है कि यह पूरी कहानी बाद में बदली गई है। जब स्वयं संत पॉल या पीटर ने अपने लेखों में 'क्रिश्चियन' शब्द का प्रयोग नहीं किया है, तो यह शब्द आया कहाँ से? संभव है कि आग न नीरो ने लगाई, न किसी 'क्रिश्चियन' समुदाय ने। सौ-दो सौ साल बाद यह तय किया गया हो कि आग लगवानी किससे और कैसे है। आख़िर इसी पटकथा से रोम का भविष्य तय होने वाला था। जिन संत पीटर को कथित रूप से

शहंशाह नीरो ने रोम में आग लगाने के आरोप में सूली पर लटका दिया था, आज उनकी ही शिष्य परंपरा के कैथोलिक पोप रोम पर राज करते हैं।

❋ ❋ ❋

इस्लाम से अगर तुलना की जाए, तो ईसाइयत ने अपने विस्तार में कहीं ज़्यादा वक़्त लिया। पहले तो यही स्पष्ट नहीं था कि ईसाई हैं कौन। उनका धर्मग्रंथ बाइबल (न्यू टेस्टामेंट) लिखा ही नहीं गया था। यह पूरा ताना-बाना रचने में कई सदियाँ लग गईं, जिसकी शुरुआत में रोम की आग और एक सनकी शासक नीरो का बहुत महत्त्व है। जलती हुई राजधानी, लायर बजाता और गीत गाता नीरो, सूली पर लटकाए जाते ईसाई। यीशु की मृत्यु के सिर्फ़ तीन दशक बाद ऐसी घटना ने एक उत्प्रेरक ('catalyst') का काम किया।

पहली बात कि यह 'रोम बनाम ईसाई' नैरेटिव था, जो 'यहूदी बनाम ईसाई' से कहीं अधिक वज़नदार था। यहूदी एक मामूली समुदाय थे, जिनकी कोई सत्ता नहीं थी। एकेश्वरवाद के कारण उनसे ईसाइयों को अलग देखना भी कठिन था। अधिक से अधिक वे यहूदियों के एक पंथ कहलाते। पहले से फ़ारसी और सदूकी नामक दो पंथ थे, ये तीसरे हो जाते। जबकि रोम से टक्कर विश्व की एक महाशक्ति और बहुदेववाद से टक्कर थी। इन दोनों के गिरते ही ईसाइयत शीर्ष पर आ जाती। और यही हुआ भी। यहूदियों से जन्मा यह पंथ दुनिया का सबसे बहुसंख्यक और सत्तासीन धर्म बन गया, यहूदी मात्र 0.2 प्रतिशत रह गए।

अब पुनः इतिहास और मिथक के ताने-बाने में लौटता हूँ। नाज़रेथ के यीशु को संभवतः 30 ईस्वी में सज़ा दी गई। उस समय संत पॉल एक फ़ारसी यहूदी थे, और वह स्वयं यीशु के पंथियों को सज़ा देने वालों में अग्रणी थे। यह बात बाइबल में वर्णित है कि जब वह येरुशलम से दमिश्क जा रहे थे, तभी उन्हें एक दिव्य रोशनी दिखाई दी और आवाज़ सुनाई दी, "सॉल (पॉल)! तुमने मुझे क्यों सज़ा दी?"

"आप कौन हैं, देव?"

"मैं यीशु हूँ, जिसे तुम सज़ा दे रहे हो। अब लौट जाओ और मेरे आदेशों की प्रतीक्षा करो।"

इस तरह संत पॉल यीशु के अनुयायी बन गए। वही संत पॉल रोम गए, और वहाँ उन्होंने अपने इस नए पंथ के विषय में बताना शुरू किया। इतिहासकारों के अनुसार वे अधिक से अधिक तीन अनुयायी बना सके। उनमें एक ग़ुलाम ('slave') समुदाय से थे। जब रोम में आग लगी, तो सैकड़ों ईसाइयों को सूली पर लटकाया गया, जैसी बातें हज़म करनी कठिन हैं।

असल में क्या संभावना हो सकती है, और इतिहासकारों ने क्या लिखा है? यह बात लगभग एकमत से कही जा सकती है, कि नीरो के प्रयासों के बावजूद उन पर इस आग लगाने का दाग़ लग गया। जनता यही मानने लगी कि सब राजा का किया-धरा है। हालाँकि उनका राजमहल भी भस्म हो गया था, लेकिन जिस गति से वह नया आधुनिक रोम बसाकर उसका नाम 'नीरोपोलिस' रख रहे थे; यह आभास हुआ कि सब उनकी ही योजना थी।

नीरो ने अपना दाग़ साफ़ करने के लिए कोई दोषी ढूँढ़ना शुरू किया। संभव है कि इसी फेर में उन्होंने फ़ारसी यहूदियों पर इल्ज़ाम लगाया। फ़ारसी यहूदी रोमन संस्कृति को नापसंद करते थे, एकेश्वरवादी थे, और रोम के बाज़ार में उनकी कई दुकानें थीं। आग वहीं से शुरू हुई थी। यहूदियों की इस भीड़ में यीशु और संत पॉल के नए पंथ के लोग भी फँस गए हों, यह संभव है। लेकिन, इन सबको मिलाकर भी बहुत अधिक जनसंख्या नहीं थी।

एक वर्णन जो टैसिटस और सूटोनियस जैसे इतिहासकार करते हैं कि नीरो ने कहा, "इसके पीछे आइसिस ('Isis') का हाथ है।" आइसिस मिस्र की देवी थीं, जिनके कई पूजक रोम में थे। उनके और उनके पुत्र होरस की कथाएँ रोम में प्रचलित थीं। अधिकांश ग़ुलाम उन्हीं के पूजक थे। उनके देवता अनुबिस का सिर एक कुत्ते (या भेड़िए) का था, इसी कारण उन्हें जान-बूझकर सार्वजनिक रूप से शरीर पर माँस बाँधकर कुत्तों से कटवाया गया। चूँकि इस समुदाय के पुरोहित बाल मुँडाकर रहते थे, रोमन सैनिकों के लिए इन्हें पहचानना आसान था। नीरो द्वारा सबसे अधिक यातना इसी समुदाय को दी गई।

एक और तथ्य यह भी है कि यहूदियों की बड़ी संख्या क्लॉडियस के समय ही रिश्वत देकर रोमन नागरिक बन चुकी थी। उनका ओहदा ऊँचा था, और उन्हें

इस तरह की सज़ा देना ग़ैरक़ानूनी था। सूली पर लटकाने जैसी सज़ा सिर्फ़ ग़ैर-रोमन नागरिकों के लिए लंबे समय से चली आ रही थी। आपने स्पार्टाकस युद्ध में भी यह बात पढ़ी होगी कि ग़ुलामों को सूली पर लटकाया गया। यह कोई ऐसी प्रथा नहीं थी, जो सिर्फ़ ईसाइयों से ही शुरू हुई।

आख़िरी बात, जो सबसे अधिक विवादित है, कि आइसिस मूर्ति-पूजकों को दी गई यातना ही बाइबल में वर्णित की गई। इतिहास में आइसिस की जगह 'क्रिश्चियन' ने ले ली। यहाँ तक कि 'मैरी की गोद में यीशु' को अक्सर 'आइसिस की गोद में होरस' से जोड़ा जाता है।

जो भी हो, रोम के सबसे युवा राजा नीरो, सबसे बदनाम राजा बने। रोम में आग के कुछ ही वर्षों बाद येरुशलम में यहूदियों ने विद्रोह कर दिया। यह विद्रोह एक तरफ़ यहूदियों से सदियों के लिए येरुशलम छीन गया, और दूसरी तरफ़ नीरो से उनकी सत्ता। सिनेट ने नीरो से उनकी सुरक्षा छीन ली कि अब वह संगीतकार बनकर ही गुज़र-बसर करें। 68 ईस्वी में अपने वाद्य-यंत्रों के मध्य आत्महत्या करते 31 वर्ष उम्र के नीरो के अंतिम शब्द थे— "आज एक कलाकार इस दुनिया से रुख़सत हुआ।"

❋ ❋ ❋

यहूदी यूँ तो शांत प्रवृत्ति के लोग थे, लेकिन उनकी अपनी महत्त्वाकांक्षाएँ थीं। उनके दो फाँक थे। पहले कहलाते सदूकी, जो ग्रीको-रोमन संस्कृति में घुलमिल रहे थे। दूसरे कहलाते फ़ारसी, जो इस मिलावट के विरोधी थे, शुद्धतावादी थे। यीशु मसीह और उनके अनुयायियों को जो सज़ा मिली, वह फ़ारसी गुट से मिली, क्योंकि उनके अनुसार यीशु लोगों को धर्म से भटका रहे थे। वहीं, रोम में आग लगने के बाद जो सज़ाएँ मिलीं, वह फ़ारसी यहूदियों को मिलीं क्योंकि वे रोम-विरोधी थे।

रोम में लगी आग के बाद सदियों से शांत पड़े यहूदी अचानक आक्रामक हो गए। इसके कारण समझने के लिए यहूदियों के इतिहास और मिथक में कुछ पीछे लौटता हूँ। 'ओल्ड टेस्टामेंट' के अनुसार राजा सुलेमान ने येरुशलम की पवित्र

भूमि में एक मंदिर (first temple) बनाया था। अंदाज़ा लगाया जाता है कि यह ईसा से हज़ार वर्ष पुरानी बात है। ईसा से लगभग छह सदी पूर्व बेबीलोन के राजा नबुक़द्रेज़्ज़र ने यह मंदिर लूटकर इसका नाश कर दिया। सभी यहूदियों को ग़ुलाम बनाकर वह बेबीलोन ले गए। कुछ यहूदियों ने बेबीलोन से भागकर पुनः येरुशलम की पहाड़ी पर एक मंदिर (second temple) स्थापित किया। कालांतर में यहूदी धीरे-धीरे अपनी पितृभूमि लौटे, और राजा हेरोद के समय इस मंदिर को भव्य बनाया गया।

यह पूरा यूदाया प्रांत (फ़िलिस्तीन) यूनानियों और रोमनों के समय यहूदी-बहुल रहा। लेकिन, इनके पास सैन्य-शक्ति नहीं थी। ये शासकों से समन्वय बनाकर, ज़रूरत पड़ी तो रिश्वत देकर, अपनी जगह सुरक्षित रखते। इनका एक धार्मिक न्यायालय 'सेन्हेद्रिन' था, जो इनके निजी मामलों को सुलझाता। यीशु को भी सज़ा इन्होंने ही दी। इनके धार्मिक निर्णयों में अमूमन रोमन प्रशासन हस्तक्षेप नहीं करते। इसके बदले वे अपने मंदिर (सिनेगॉग) में रोमन राजा की वंदना करते, और रोमन राज्यपालों (गवर्नर) को ख़ुश रखते।

लेकिन, रोम में लगी आग के बाद यहूदियों का रुख़ बदलने लगा। उन्हें यह आभास हुआ कि रोम की सत्ता अब ख़त्म होने वाली है। यह संभावना तो ख़ैर है ही कि वाक़ई कुछ फ़ारसी यहूदियों ने षड्यंत्र के तहत यह आग लगाई हो। अब यहूदियों के सामूहिक रूप से भड़कने, और संगठित होकर लड़ने की बात थी, क्योंकि यहाँ वे कमज़ोर थे। सदियों सिर झुकाकर जिए, अब क्या लड़ते? फिर भी, धर्म को लेकर कट्टर तो थे ही।

66 ईस्वी में यूदाया प्रांत के कैसरिया स्थान पर कुछ यूनानियों ने यहूदी सिनेगॉग के बाहर चिड़ियों की बलि देनी शुरू की। यहूदी भड़क गए कि यह बदमाशी जान-बूझकर की जा रही है। उनके पवित्र स्थल में पाप किया जा रहा है। उस समय यूदाया के रोमन गवर्नर फ़्लोरस से उनकी नाराज़गी चल रही थी, क्योंकि उन्होंने यहूदियों पर कर बढ़ा दिए थे। सिनेगॉग का ख़ज़ाना भी उन्होंने ज़ब्त कर लिया था।

यहूदियों के एक युवा धर्मगुरु एलियाज़ार ने कहा, "जागो भाइयो! कब तक इन रोमनों की जी-हुज़ूरी करते रहोगे। यह हमारी पवित्र भूमि है। निकाल बाहर करो इन अपवित्र लोगों को।"

यहूदी पूरे प्रांत में दंगे करने लगे। रोमन राजाओं की वंदना की प्रथा बंद हो गई। खुलेआम गवर्नर को 'भिखारी' कहते, और उनका वेष धारण कर कटोरा लेकर घूमते। जब नीरो तक ख़बर पहुँची, तो क़िस्सा है कि वह हमेशा की तरह गा-बजा रहे थे। उन्होंने देखा कि जहाँ बाक़ी लोग वाह-वाही कर रहे हैं, उनके सिपहसालार वेस्पासियन खर्राटे मार रहे हैं। उन्होंने उनको उठाकर यूदाया भेज दिया कि अगर संगीत नहीं पसंद तो वहाँ जाकर दंगे सँभालें। वेस्पासियन और फ़्लोरस ने मिलकर यहूदियों को सूली पर लटकाना शुरू किया। लेकिन, इससे यहूदी एकजुट ही होते गए, और रोमनों पर भारी पड़ते गए। जब 68 ईस्वी में नीरो ने आत्महत्या कर ली, तो रोम में कोई शासक नहीं बचा। उस एक साल के अंदर चार शासक आए। ज़ाहिर है कि एक-दूसरे को मारकर ही आए। आख़िर वेस्पासियन को ही रोम सँभालने लौटना पड़ा। उन्होंने अपने पुत्र टाइटस को यहूदी-विद्रोह की ज़िम्मेदारी सौंप दी।

70 ईस्वी में टाइटस ने ऐसा क़त्ल-ए-आम मचाया कि यहूदी लगभग पूरी तरह से साफ़ हो गए। उस ख़ौफ़नाक मंज़र का वर्णन करने वाले जोसेफ़स के अनुसार ग्यारह लाख यहूदी मारे गए। उनका पवित्र मंदिर तोड़ दिया गया। पूरे यूदाया में एक यहूदी नहीं बचा। जो प्रवासी थे, उन्होंने ही थोड़ा-बहुत धर्म बचाकर रखा। उनमें भी कई अपनी पहचान छिपाने के लिए मूर्तिपूजक बन गए।

यीशु के अनुयायियों ने इस घटना को ईश्वर का दंड माना, जो यीशु को सज़ा देने के कारण मिला। कई यहूदी चुपचाप इस नए पंथ से जुड़ गए। किताब ('ओल्ड टेस्टामेंट') एक ही थी, और यीशु वाली बात उन्हें ठीक लग रही थी। उन्हें लगा कि वाक़ई यीशु ईश्वर के दूत थे, तभी उनकी अवहेलना से यह भीषण तबाही आई। यूँ कहा जा सकता है कि इस घटना के बाद यहूदा के वंशज यहूदी और ईसा के अनुयायी ईसाई दो अलग-अलग धर्मों का रूप लेने लगे।

❋ ❋ ❋

"यहूदियों पर यहूदी होने का कर लगाया गया। उन पर भी, जो रोमन मंदिर जाते, लेकिन छिप-छिपाकर अपना यहूदी धर्म-पालन कर रहे थे। कुछ यहूदी जैसे अन्य पंथ भी गुप्त रूप से अपनी गतिविधियाँ कर रहे थे [संभवतः आरंभिक ईसाई]। शक होने पर जाँच की जाती। मेरी किशोरावस्था की एक स्मृति है जब एक नब्बे वर्ष के बुज़ुर्ग को भरे दरबार में नंगा कर यह जाँच किया गया कि उसका ख़तना हुआ है या नहीं।" —सूटोनियस (69-122 ईस्वी)

रोमन राजा वेस्पासियन ने यहूदियों पर विजय के बाद एक मेहराब ('Arch of Titus') बनवाया, जो आज भी रोम में मौजूद है। यह भविष्य की विजयों के लिए एक चिह्न बन गया। पेरिस के मेहराब से लेकर दिल्ली के 'इंडिया गेट' तक इसी की नक़ल पर बने। 'यहूदी कर' लगाने के बावजूद वेस्पासियन की छवि एक कुशल राजा की है, जिनके समय नीरो द्वारा ख़ाली किया ख़ज़ाना पुनः भर गया। उस समय चर्मकार सार्वजनिक मूत्रालयों से पेशाब लाकर चमड़ा कमाने ('tanning') में उपयोग करते थे। उन्होंने पेशाब पर भी कर लगा दिया!

वेस्पासियन जूलियस सीज़र या किसी शाही परिवार के नहीं थे। वह आम जनता से उठकर गद्दी तक पहुँचे थे। हालाँकि उन्होंने भी अपना वंश ही आगे बढ़ाया। उनके बाद उनके पुत्र टाइटस और डोमिटियन एक-एक कर गद्दी पर बैठे। टाइटस के समय ही यूरोप इतिहास का सबसे भयंकर विस्फोट हुआ। 79 ईस्वी में नेपल्स की माउंट विसुवियस ज्वालामुखी फट पड़ी, और शहर के शहर भस्म हो गए। हज़ारों लोग पाषाण रूप में बदल गए। कुछ की तो खोपड़ियाँ शीशे में बदल गईं। सदियों बाद जब यह राख हटाई गई, तो उनके नीचे पूरा शहर और सैकड़ों कंकाल जहाँ-तहाँ बिखरे मिले। उसके बाद से यह ज्वालामुखी शांत है, लेकिन दुनिया के सबसे ख़तरनाक ज्वालामुखियों में माना जाता है। अगर यह आज फट पड़ा तो कम से कम तीन लाख लोग मारे जाएँगे।

टाइटस के बाद आए उनके भाई डोमिटियन ने लगभग सत्रह वर्ष तक राज किया। उन्हें शक था कि वह मारे जाएँगे। अपनी पत्नी के अतिरिक्त किसी पर विश्वास नहीं करते। हमेशा अपने तकिए के नीचे तलवार रखकर सोते। माना जाता है कि एक दिन उनकी पत्नी ने ही वह तलवार ग़ायब कर दी, और डोमिटियन मारे

गए। उसके बाद एक नर्वा नामक साठ वर्ष के सीनेटर शासक बने, जो दो वर्ष बाद यूँ ही मर गए।

ऐसा लग रहा था कि रोम अपनी अंतिम साँसें ले रहा है। हर दूसरे प्रांत में विद्रोह हो रहे थे। ख़ासकर सुदूर प्रांत जैसे ब्रिटेन सँभालना कठिन हो रहा था। रोम का दीया बुझने ही वाला था, कि एक बार फड़फड़ाया। 98 ईस्वी में ट्राजन नामक एक योद्धा को गद्दी पर बिठाया गया। उन्होंने पद सँभालते ही अपने सेनापति को तलवार देते हुए कहा, "अगर मैं अच्छा काम करूँ, तो यह तलवार मेरी रक्षा में प्रयोग करना। अगर मैं बुरा काम करूँ, तो इसी तलवार से मेरा गला काट देना।"

इस शपथ के साथ ट्राजन ने रोम को पुनः अपना गौरव लौटाया। वह स्वयं युद्धभूमि पर जाते, और जूलियस सीज़र की तरह जीत दर्ज कर लौटते। उन्होंने डैन्यूब पर एक पुल बनाया, और डाचिया राज्य पर विजय पाकर उसे रोम में मिलाया। उस प्रांत का नाम पड़ा—रोमानिया। यह नाम अब तक क़ायम है। ट्राजन ही पहले रोमन राजा बने, जो अपनी सेना लेकर फ़ारस तक पहुँच गए। आर्मीनिया से लेकर ईरान तक को रोम में मिलाया। वह आगे बढ़ते जा रहे थे, कि तभी ख़बर मिली यहूदियों ने पुनः विद्रोह कर दिया है। वह वापस लौटते हुए सीरिया के निकट लकवाग्रस्त हुए और मर गए। इतिहासकार मानते हैं कि फ़ारस की खाड़ी से पूर्व को निहारते ट्राजन की इच्छा संभवतः भारत पहुँचने की थी। अगर पहुँचते तो उनकी टक्कर कुषाण राजा कनिष्क के पिता विमा से होती। लेकिन, किसी रोमन राजा की यह इच्छा कभी पूरी न हो सकी।

***

बड़े साम्राज्य के साथ बड़ी ज़िम्मेदारी भी आती है। ट्राजन ने रोम को इतना विस्तार दे दिया कि उनके बाद आए राजा हैड्रियन उसे सँभालते ही रह गए। वह आज के प्रधानमंत्रियों की तरह हर समय दौरे पर ही रहते। कभी ब्रिटेन के दौरे पर तो कभी गॉल के। कभी मिस्र के, तो कभी यूनान के। और कभी ईरान के। उन्होंने अंत में यही हल निकाला कि हर सुदूर प्रांत में राजा बिठा दिए जाएँ, जो प्रशासन सँभालकर रोम तक कुछ मामूली कर पहुँचा दें। उन्होंने ही इंग्लैंड में एक 128 किलोमीटर लंबी दीवार बनाकर स्कॉटलैंड के हमलों से उन्हें सुरक्षित किया। उस

दीवार के अवशेष अब तक मौजूद हैं।

ऐसा माना जाता है कि हैड्रियन ने ईसाइयों और यहूदियों के प्रति सहिष्णुता दिखाई, और उनके काल में बाइबल ('न्यू टेस्टामेंट') लिखा जाना शुरू हुआ जिसमें यीशु का पूरा जीवन और दर्शन लिखा गया। हैड्रियन इस पंथ को एक मामूली समुदाय मानते थे, जिससे उन्हें कोई ख़तरा नज़र नहीं आ रहा था। जबकि यहूदियों के विपरीत यह पंथ धर्म-परिवर्तन में सक्रिय था। यह मूर्तिपूजकों से लेकर ग़ुलामों को अपने पंथ में मिला रहे थे। अगर बौद्ध पंथ के 'धर्मचक्रप्रवर्तन' को अलग रख दें, तो 'धर्म परिवर्तन' को दुनिया में लाने वाले ईसाई कहे जा सकते हैं।

हैड्रियन की सहिष्णुता इस क़दर थी कि जब उन पर एक ग़ुलाम ने तलवार से हमला किया, उन्होंने पहले अपने कौशल से उसकी तलवार छीन ली, और उसके बाद उसे क्षमा कर दिया। वह नीरो से बेहतर लायर (वाद्ययंत्र) बजाते और कविताएँ रचते। लेकिन, वह किसी प्रतियोगिता में इसलिए भाग नहीं लेते क्योंकि वह स्वयं विजेता चुना जाना पसंद नहीं करते। जब इक्कीस वर्ष राज कर वह बूढ़े हुए तो उन्हें भी भय होने लगा। अपनी कुर्सी छीने जाने का भय। उन्हें किसी ने बताया कि एक नब्बे वर्ष के कुलीन सर्वियानस उनकी गद्दी छीनना चाहते हैं। उन्होंने सर्वियानस को मृत्युदंड दे दिया। अपने शासनकाल में लगभग बेदाग़ रहे हैड्रियन पर इस हत्या का पाप तो चढ़ ही गया।

सर्वियानस ने मरते हुए कहा, "सीज़र! आप एक मृत्युशय्या पर लेटे इस बुज़ुर्ग को मृत्युदंड दे रहे हैं। ईश्वर आपको ऐसी मृत्यु दे कि आप मौत की भीख माँगो, तो भी मौत न मिले।"

इस घटना के अगले ही वर्ष हैड्रियन को ऐसा रक्तस्राव हुआ कि वह दर्द से तड़पने लगे। उन्होंने अपने एक ग़ुलाम को कहा, "मुझे मार डालो, मैं इस प्राणांतक दर्द में नहीं जी सकता।" गुलाम ने कहा, "सीज़र! यह पाप मैं कैसे कर सकता हूँ। आपके जैसे महान शासक का रक्त बहाकर मुझे मुक्ति कैसे मिलेगी?" उन्होंने अपने चिकित्सक को बुलाकर कहा कि वह उन्हें ज़हर दे दें। लेकिन, चिकित्सक ने कहा कि मेरा प्रशिक्षण तो जान बचाने में है, लेने में नहीं। वह ऐसे रोमन राजा हुए जो मौत माँगते रह गए, मगर मौत न मिली। पूरे एक साल तक तड़पने के बाद 138 ईस्वी में वह चल बसे।

उनके बाद आए राजा ऑरेलियस एंटोनिनस उनसे भी अधिक दानवीर और सहिष्णु हुए। उन्होंने ईसाइयों को अपने धर्म-प्रचार में मदद देनी भी शुरू कर दी। बाइबल की किताबें मोटी होती गईं, और एक पूरे धर्म का ख़ाका तैयार होने लगा। रोम में पहले भी छिप-छिपाकर पोप की परंपरा चल रही थी, जो अब खुलकर सामने आने लगी। संत पीटर की परंपरा में दसवें पोप (बिशप) पायस प्रथम ने संभवतः दुनिया का पहला गिरजाघर बना दिया। रोमन भव्य मंदिरों के मध्य यह नई इमारत गौण ही रही होगी, लेकिन ईंट तो डल गई थी।

तेईस वर्ष के शासन के बाद एंटोनिनस चल बसे। उसके बाद 161 ईस्वी में रोम के सबसे आध्यात्मिक मिज़ाज के माने जाने वाले और आख़िरी शक्तिशाली राजा आए। वह रोमन शांति ('पैक्स रोमाना') के आख़िरी दीपक भी कहे जाते हैं, जिनके बाद रोम की उल्टी गिनती शुरू हो गई। ऑस्कर पुरस्कृत हॉलीवुड फ़िल्म 'ग्लैडिएटर' में उन्हें पुत्रमोह और राजधर्म से जूझते एक बूढ़े शासक के रूप में चित्रित किया गया है, जिनका नाम था मार्कस ऑरेलियस।

❋ ❋ ❋

"अगर सूक्ष्मता से देखें तो इस दुनिया में जो भी होता है, अच्छा ही होता है। भले वह आपको अच्छा न लगे, लेकिन प्रकृति के न्याय से ही घटनाएँ घटती हैं। संपूर्ण जनमानस को ध्यान में रखकर प्रकृति न्याय करती है।" —मार्कस ऑरेलियस

रोमन जीवनशैली अपने मूल रूप में वैराग्य ('stoicism') से प्रभावित थी। वहाँ स्वर्ण-मुकुटों की परंपरा नहीं रही, बल्कि पत्तों का बना ताज ही पहना जाता। उनका कुलीन टोगा वस्त्र भी अपेक्षाकृत साधारण हुआ करता। कालांतर में जब समृद्धि आई तो राजा अय्याश होते गए, और कुलीन भ्रष्ट धनोपार्जन में लिप्त हो गए।

मार्कस ऑरेलियस के विषय में वर्णित है कि वह बारह वर्ष की उम्र से वैराग्य जीवन जीने लगे थे। उन्होंने अपनी माता की इच्छा के विरुद्ध फ़र्श पर सोना शुरू कर दिया था। यह स्पष्ट नहीं कि इसके पीछे किसी रोमन संत या ईसाई विचारों का हाथ था; या उनके पूर्ववर्ती राजाओं का हाथ था, जिन्हें मार्कस के साथ मिलाकर पाँच अच्छे राजा ('five good emperors') कहा गया। ईसाइयत से प्रभावित

होने वाली बात में दम नहीं लगता, क्योंकि उस वक़्त ईसाई ग्रंथ ढंग से बने भी नहीं थे। ऐसे वैराग्य दर्शन पहले से यूनान और पूर्व से आ चुके थे। ईसाइयों ने ज़रूर मार्कस ऑरेलियस के लिखे ग्रंथ को अपने आदर्शों में सम्मिलित किया, और उनके शासन को राजधर्म के रूप में परिभाषित करते रहे।

वास्तव में मार्कस ऑरेलियस लिखित 'मेडिटेशन्स' पुस्तक को पलटते हुए हर पन्ने पर एक 'क्वोट ऑफ़ द डे' मिल जाता है। जैसे—"अपने कार्यों में विलंब न करें; अपनी बातों में भ्रमित न करें; अपने विचारों में मत भटकें; अपनी आत्मा को निष्क्रिय या आक्रामक न बनाएँ; अपने जीवन को मात्र व्यवसाय-निहित न बनाएँ।"

राजा झोला उठाकर, एक संत बनकर तो नहीं घूम सकते। जनता से यह नहीं कह सकते कि प्रकृति के न्याय को सहते रहो। उस कालखंड की दुनिया में तो युद्ध और रक्तपात का विकल्प था ही नहीं। मार्कस ऑरेलियस ने एक-दो नहीं, बल्कि कई युद्ध किए। उनका पूरा शासनकाल युद्धभूमि में बीता और अपना दर्शन इन छावनियों में ही लिखा। संभवतः जब वे भीषण रक्तपात देखते, सैकड़ों को मरते, कराहते देखते तो दर्शन की उपज होती।

गद्दी पर बैठते ही 161 ईस्वी में पहलवी ('Parthian') साम्राज्य से भिड़ंत शुरू हो गई। रोमन सेना लगभग एक दशक तक एशिया में लड़ती रही। कभी आर्मीनिया हाथ से निकलता, तो कभी ईरान। लेकिन, अंततः पहलवी राजधानी सिटेसिफ़ॉन ('Ctesiphon') ध्वस्त हुई। इस जीत के दो बड़े ख़ामियाज़े भुगतने पड़े। पहला तो यह कि इस युद्ध से रोमन सैनिक एक महामारी लेकर आए। यह संभवतः स्मॉलपॉक्स या प्लेग जैसी बीमारी थी, जिसमें आधे से अधिक रोमन सैनिक और चौथाई से अधिक रोमन नागरिक मारे गए। मार्कस ऑरेलियस के भाई वेरस और उनके एक छह वर्षीय पुत्र भी इस महामारी में चल बसे।

दूसरा ख़तरा इससे भी अधिक आक्रामक था। यूरोप की एक शक्ति पर कोई भी रोमन शासक पूरी तरह विजय दर्ज नहीं कर पाया था। कहीं न कहीं इनके ही हाथों रोम का अंत लिखा था। जब रोमन सेना एशिया में जूझ रही थी, उस समय उत्तर से कबीलाई सेना इटली में घुस चुकी थी। इन लड़ाकू कबीलों के कई नाम थे।

उस वक़्त इन गॉल, गॉथ और जर्मैनिक कबीलों का संगठित समूह 'मार्कोमानी' ('Marcomanni') कहलाया। मार्कस ऑरेलियस अपनी मृत्यु तक उनसे लड़ते रहे, मगर उन्हें पूरी शिकस्त न दे सके।

राजधर्म में परिवार अक्सर पीछे छूट जाता है। मार्कस ऑरेलियस युद्धभूमि पर अपने दर्शन में डूबे रहने के कारण परिवार और उत्तराधिकार पर ध्यान कम दे सके। उनकी पत्नी फ़ॉस्टिना उनसे पूर्ववर्ती राजा पायस की पुत्री और उनकी चचेरी बहन थीं। आधा जीवन राजकुमारी और आधा जीवन महारानी की तरह बिताकर उन्हें राजमहल के वैभव की आदत हो गई थी। एक समय ऐसा आया कि मार्कस ऑरेलियस ने युद्ध के ख़र्च निकालने के लिए अपनी और महारानी की संपत्ति नीलाम कर दी। महारानी को अपनी इच्छा के विरुद्ध गहने उतारकर देने पड़े। यह मोह तो किसी भी स्त्री से अपेक्षित हो सकता है, लेकिन राजधर्म में यह मोह त्यागने की स्थिति पहले आई नहीं थी। अमूमन जनता पर ही कर का बोझ डाला जाता। लेकिन, मार्कस ऑरेलियस अपने सिद्धांतों और आदर्शों से एक तरह से आसक्त थे। यह भी एक तरह का मोह ही है, जब मनुष्य स्वयं को महान साबित करने के यथासंभव प्रयास करता है। इसकी एक और मिसाल देखिए।

महारानी फ़ॉस्टिना ने यह निर्णय लिया कि अब इस महान राजा से मुक्ति पाई जाए। माना जाता है कि जब मार्कस ऑरेलियस जर्मनों से लड़ने में व्यस्त थे, उन्होंने अपने प्रेमी कैसियस के साथ षड्यंत्र रचा। कैसियस यूनान और यूदाया प्रांतों के गवर्नर थे। उन्होंने यह अफ़वाह फैला दी कि सीज़र (राजा) युद्धभूमि में शहीद हो गए, और अब वही रोम के राजा हैं। उन्हें कुछ प्रांतों में राजा मान भी लिया गया।

मार्कस ऑरेलियस उस वक़्त डैन्यूब नदी के किनारे छावनी में रणनीति बना रहे थे, जब यह बेतुकी ख़बर मिली। उन्होंने कैसियस के पास अपने संदेश-वाहक भेजे कि भाई! अभी तो मैं ज़िन्दा हूँ। लेकिन, संदेश-वाहक के पहुँचने से पहले ही किसी ने कैसियस की हत्या कर दी। मार्कस ऑरेलियस को जब इस षड्यंत्र की जानकारी के साथ यह पता लगा कि कैसियस की हत्या हो गई, तो वह ख़ुश होने के बजाय रोने लगे। वह अपने शासनकाल में किसी सीनेटर या गवर्नर का ख़ून नहीं बहाना चाहते थे। उनका दुःख यह था कि इस हत्या के दाग़ के साथ उनकी

महानता ख़त्म हो गई और स्वर्ग में रिज़र्व सीट हाथ से निकल गई। उसी दौरान फ़ॉस्टिना की भी संदिग्ध मृत्यु हुई, और इस मृत्यु के पीछे भी मार्कस ऑरेलियस के हाथ के कयास लगते ही हैं। कई फ़ंतासी कथाएँ भी घूम रही हैं कि उन्होंने बेवफ़ाई के दंड में ज़हर दिलवाया था।

दाग़ तो अभी और भी लगने थे। मार्कस ऑरेलियस अपने पुत्र वेरस को उत्तराधिकारी रूप में देख रहे थे, जिनकी किसी बीमारी से मृत्यु हो गई। फ़ॉस्टिना से उनके दूसरे पुत्र कोमोडस एक अय्याश राजकुमार थे। उनका नवयौवन मदिरा और सुंदरियों में डूबा हुआ था। हालाँकि उनके पिता ने युद्धभूमि बुलवाया, और मात्र सत्रह वर्ष में जर्मनों पर एक छोटी जीत का श्रेय लेकर उन्होंने 'जर्मैनिकस' की पदवी हासिल कर ली। मार्कस ऑरेलियस भी अपने इस पुत्र में नया राजा देखने का मन बनाने लगे। अपने आदर्शों की किताब पढ़ने के लिए थमाई, जिसमें कोमोडस की कोई रुचि थी नहीं। जर्मनों पर जीत लगभग पक्की हो रही थी, जब 180 ईस्वी में युद्धभूमि में मार्कस ऑरेलियस चल बसे। 'ग्लैडिएटर' फ़िल्म में यह दिखाया गया कि कोमोडस ने ही उनकी हत्या कर दी, जो किसी इतिहास में दर्ज नहीं। दर्ज है कि वह बीमार होकर मरे। उनके मरते ही नए सीज़र कोमोडस ने युद्ध-समाप्ति और जर्मन बर्बरों से संधि की घोषणा कर दी।

कोमोडस के नेतृत्व में रोम युद्धों से मुक्त हुआ और अपेक्षाकृत शांति की तरफ़ बढ़ा। लेकिन, इस 'शांति' के लिए मार्कस ऑरेलियस का राजधर्म और उनके आदर्श ताक पर रख दिए गए। कभी रोमवासियों ने सत्रह वर्ष के नीरो को गद्दी पर बैठे देखा था। उन्नीस वर्ष के कोमोडस में उन्हें कई नीरो एक साथ दिखने वाले थे। पहली बार कोई रोमन शासक स्वयं ग्लैडिएटर बनकर उतरने वाला था।

❋ ❋ ❋

"यूँ तो कोमोडस दुष्ट नहीं था, बल्कि इसके विपरीत रोम का सबसे निश्छल व्यक्तित्व था। उसके सीधे-सादे स्वभाव और उसकी कायरता के कारण उसके मित्र उसका ग़लत फ़ायदा उठाते। उन्होंने उसे युद्धभूमि की तपिश से दूर रखकर अय्याशी और क्रूरता में धकेल दिया। मुझे लगता है, यह अंदेशा उसके पिता मार्कस को भी था। जब उन्नीस वर्ष में कोमोडस राजा बना, तो सिनेट के तमाम

बुद्धिजीवियों ने अपने मंतव्य देने शुरू किए। लेकिन, वह किसी की सुनने को राज़ी नहीं था। लगभग हारे हुए और शक्तिहीन बर्बरों (जर्मन) के साथ उसने संधि कर ली, और राजमहल की भोगविलासिता में डूब गया।" —कैसियस डियो, रोमन इतिहास, खंड 9, पृ. 73

कोमोडस रोमन इतिहास पर बनी फ़िल्मों और फ़ंतासी कथाओं के प्रचलित किरदार रहे। उनका चरित्र नीरो से भी अधिक विलासपूर्ण दिखाया जाता रहा, जिसमें उनकी अपनी बहन लूसिया ('Lucilla') से प्रेम भी जोड़ दिया गया। लेकिन, अगर प्रामाणिक इतिहास ढूँढ़ें, तो उस काल के एकमात्र इतिहासकार कैसियस डियो के लिखे नौ खंड (वॉल्यूम) हैं। उनके भी कई पन्ने और मूल प्रति गुम हो गई। ग्रीक में लिखी नक़ल किताब को अंग्रेज़ी अनूदित करने वालों ने अपने हिसाब से फेरबदल की। सबसे अधिक 'क्रिश्चियन' शब्द का प्रयोग, और वह भी अटपटी जगहों पर प्रयोग इसी किताब में मिलता है। जैसे लिखा है— "उनकी रखैल मार्सिया बहुत उदार थी, शायद इसलिए कि उसे 'क्रिश्चियन' पसंद थे"। आप अगर आगे-पीछे की पंक्तियाँ पढ़ेंगे, तो एक साधारण पाठकीय नज़र से भी पहचान लेंगे कि यह शब्द ख़्वाहमख़्वाह डल गया है। ख़ैर, अब जो भी प्रामाणिक इतिहास पुस्तकालयों में उपलब्ध है, यही है। मैं अपनी लीक उसी अनुसार रखता हूँ।

यह बात पक्की है कि कोमोडस को ग्लैडिएटर और उससे जुड़े अन्य खेल बहुत पसंद थे। यह भी वर्णित है कि उनकी तीन सौ से अधिक रखैल ('concubine') थीं, जिनमें कई उनके प्रिय पुरुष सेवकों की पत्नियाँ थीं। नीरो की तरह कला या संगीत में अभिरुचि नहीं दिखती। एक रहस्यमय यूनानी कल्ट 'एल्यूसिनियन मिस्ट्री' से जुड़े नशे और विचित्र यौन-क्रियाओं से ईश्वर की साधना का विवरण मिलता है।

उनकी बहन लूसिया के विषय में डियो लिखते हैं कि वह भी अपने भाई की तरह अय्याश औरत थी। उसने अपनी बेटी का विवाह पोम्पियानस नामक एक सुंदर पुरुष से किया, और बाद में माँ-बेटी दोनों उसके साथ शारीरिक संबंध स्थापित करते। एक दिन लूसिया ने पोम्पियानस को अपने भाई राजा कोमोडस की हत्या के लिए प्रेरित कर दिया। कोमोडस जंगल में शिकार करने की बजाय अपने महल के मैदान में ख़तरनाक पशुओं (गैंडा, शेर आदि) को बुलवाते, और

वहीं दौड़-दौड़कर उनका शिकार कर ख़ुश होते। जब वे मैदान के संकरे दरवाज़े से निकल रहे थे कि पोम्पियानस ने तलवार से हमला करते हुए कहा, "सिनेट ने मुझे तुम्हारी हत्या के लिए भेजा है।" कोमोडस के रक्षकों ने पोम्पियानस को दबोच लिया। कोमोडस ने अपनी बहन लूसिया को कैप्री द्वीप निर्वासित कर दिया, जहाँ उसकी ज़हर देकर हत्या कर दी गई। चूँकि यह घटना गद्दी पर बैठने के अगले ही वर्ष की है, इसलिए भाई-बहन के किसी प्रेम-संबंध की ऐतिहासिक पुष्टि नहीं होती।

उसके बाद भी कोमोडस की हत्या के षड्यंत्र होते रहे, और डियो की भाषा से ऐसा प्रतीत होता है कि कहीं न कहीं वह स्वयं भी इनमें शामिल थे। यह बात तो ख़ैर आगे उन्हीं के शब्दों में सत्यापित भी होगी। उस वक़्त कोमोडस इन हमलों से डर गए और कछुए की तरह अपने खोल में चले गए। उनके एक प्रिय सिपहसालार क्लिएंडर ने राजकाज की पूरी ज़िम्मेदारी ले ली। पूरे पाँच साल (185-190) तक क्लिएंडर की मनमानी चलती रही। वह रिश्वत लेकर पद बाँटते रहे, अपने प्रतिद्वंद्वियों को मरवाते रहे। राजा कोमोडस खेल खेलने, और रंगरेलियाँ मनाने में डूबे रहे। उनके एक सेवक एक्लेक्टस की पत्नी मार्सिया अब उनकी प्रिय रखैल थी। कोमोडस ने स्वयं को दर्ज़नों पदवियाँ दे दी थीं, और सभी महीनों के नाम अपने नाम पर रख दिए थे। डियो लिखते हैं कि उनके नाम से चिट्ठी आती तो एक पन्ने में उनकी पदवियाँ ही लिखी होतीं जिसमें 'पृथ्वी का रक्षक' और 'ईश्वर का दूत' जैसे पद भी थे।

इन स्वघोषित वसुंधरा रक्षक की परीक्षा की घड़ी आख़िर आ गई। एक दिन जब रोम के विशाल मैदान 'सर्कस मैक्सिमस' में खेल आयोजित हुए, तो वहाँ बैठे हज़ारों रोमन चिल्लाने लगे, "सीज़र! हम भूखे हैं। आज हम इस क्लिएंडर का रक्त पी जाएँगे।" भोग-विलास में अंधे हो चुके राजा को उसी दिन मालूम हुआ कि जनता के पास खाने के लिए अनाज नहीं।

❋ ❋ ❋

फ़ोरम रोमानम, 190 ईस्वी

"क्लिएंडर! जनता तुम्हारा सिर क्यों माँग रही है?, " कोमोडस ने पूछा। "सीज़र! मैं मानता हूँ, मुझसे कुछ ग़लतियाँ हुई हैं। लेकिन, मैं भला क्यों जनता

को भूखा मारना चाहूँगा?, ” क्लिएंडर ने विनती भाव में कहा। “तुम मुझे बता तो सकते थे कि राज्य में अनाज की समस्या चल रही है?” “मैं आपको ख़्वाहमख़्वाह परेशान नहीं करना चाहता था।” “ख़्वाहमख़्वाह? जनता यहाँ बीमारी और भूख से मर रही थी, और आपने सीज़र को बताना ज़रूरी नहीं समझा?, ” सीनेटर डियो ने ग़ुस्से में कहा। “सीनेटर! आप शांत रहें। मुझे अब भी आप सभी बुद्धिजीवियों से कहीं अधिक क्लिएंडर पर भरोसा है। यूँ भी बीमारी के पीछे उसका कोई हाथ नहीं। वह तो पूरब से आई।, ” कोमोडस ने कहा। “हम कैसे शांत रहें, सीज़र? मान लिया बीमारी पूरब से आई। जनता को अनाज मुहैया कराने की ज़िम्मेदारी तो इन पर थी?, ” डियो ने कहा। “तो क्या ऐसा क्लिएंडर ने जान-बूझकर किया? संभव है अनाज किसी समुद्र लुटेरे ने लूट लिया हो?, ” कोमोडस ने क्लिएंडर के बचाव में कहा। “बिलकुल संभव है। ऐसा पहले भी होता रहा है कि अफ़्रीका से आ रहे अनाज लूट लिए गए। लेकिन, भुखमरी की स्थिति तो रोम में पहली बार आई है।” “सीनेटर! आप भूल रहे हैं कि क्लिएंडर पहले स्वयं एक ग़ुलाम था, जिसे हमने आज़ादी दी। यह ग़ुलामी से उठा आदमी जनता के दर्द को आप कुलीनों से बेहतर समझता है। शायद यही बात आपको चुभती है कि यह इतने बड़े ओहदे पर कैसे!” “आप सही कह रहे हैं, सीज़र। हमें ईर्ष्या हुई होगी। यह ग़रीबी से उभरकर इस महान पद पर पहुँचे। ग़रीबों के मसीहा बने। जब जनता भूख से बिलख रही थी, यह महात्मा अपने ख़ज़ाने से अनाज बाँट रहे थे। ज़रा पूछिए कि जब रोम में किसी के पास अनाज नहीं, इनके गोदाम में अनाज कहाँ से आया? यह आदमी मसीहा बनकर आपकी गद्दी छीन लेता, और आप खेल देखते रह जाते, सीज़र!” “सीनेटर डियो! अपनी ज़बान सँभालिए!, ” कोमोडस ने अपनी गद्दी से उतरकर कहा। “सीज़र! आप जानते हैं कि डियो जैसे बुद्धिजीवी सिर्फ़ आपकी आलोचना करते रहे हैं। मुझ पर लगाए गए इल्ज़ाम सरासर झूठ हैं। मैंने पिछले पाँच वर्षों में कभी शिकायत का अवसर नहीं दिया। इस बार मुझसे गणना में ग़लती हुई, लेकिन मैं जल्द सुधार करूँगा, ” क्लिएंडर ने कहा। “अच्छा? हम सीनेटर आपको झूठे आलोचक नज़र आते हैं? और आप सीज़र के हितैषी हैं? क्या मैं सीज़र से आपकी प्रेमिका को यहाँ बुलाने की गुज़ारिश कर सकता हूँ?, ” डियो ने मुस्कुराते हुए कहा। “प्रेमिका? उसका इस समस्या से क्या ताल्लुक़?, ” कोमोडस ने पूछा। “ताल्लुक़

है सीज़र! उसने मुझे गुप्त सूचना दी है कि यह व्यक्ति आपकी हत्या की साज़िश रच रहा था।, " डियो ने जवाब दिया। "हत्या की साज़िश? सीनेटर यह क्या कह रहे हैं? मेरे ख़िलाफ़ हर साज़िश को तो तुमने रोका है, क्लिएंडर?, " कोमोडस ने चौंककर कहा। "यह सब झूठ है, सीज़र! इस कमीने डियो ने ज़रूर ऐसी गवाही के लिए रिश्वत दी होगी।" "तुम मेरी आँखों में देखकर कहो कि तुमने साज़िश नहीं की, न ही तुम्हें किसी साज़िश की ख़बर थी!," कोमोडस ने दुबारा पूछा। जैसे ही क्लिएंडर ने आँखें मिलाईं, कोमोडस ने कुछ पढ़ा और अपनी म्यान से खंजर निकालकर घोंप दिया। दरबार में शांति छा गई। डियो अब भी भावशून्य खड़े कोमोडस को देख रहे थे। "आप हमारे पास लौट आइए, सीज़र! हमारे साथ अर्थशास्त्री हैं। अनुभवी प्रशासक हैं। हर क्षेत्र के विद्वान हैं।," डियो ने कहा। "आप सब निकम्मे हैं। रोम की जनता का रक्षक सिर्फ़ मैं हूँ।," कोमोडस ने बाहर मैदान की तरफ़ देखते हुए कहा। "लेकिन, आप जनता को कहेंगे क्या? वह तो ख़ून की प्यासी है।" "वह जिसके ख़ून की प्यासी थी, उसका रक्त तो ज़मीन पर बह रहा है। अब उनकी प्यास मैं बुझाऊँगा। मैं मार्कस ऑरेलियस का पुत्र...सीज़र लुसियस कोमोडस 'जर्मैनिकस मैक्सिमस ब्रिटैनिकस'...अजेय योद्धा...समस्त धरा का स्वामी... देवता हरक्यूलिस का अवतार...स्वयं ग्लैडिएटर बनकर उतरूँगा!"

❋ ❋ ❋

कोमोडस ने ग्लैडिएटर बनने की घोषणा तो कर दी, लेकिन यह खेल ख़ूनी था। अकेले ख़ाली मैदान में शिकार करना और बात थी, और हज़ारों की तादाद में मदमस्त जनता के सामने लड़ना दूसरी बात। आज तक किसी रोमन शहंशाह की ऐसी हिम्मत नहीं हुई थी, कोमोडस तो युद्धभूमि से भी भागने वालों में थे। वह भला क्या लड़ते?

कैसियस डियो लिखते हैं, "जब वह मैदान में अभ्यास के लिए उतरते, तो रेशमी वस्त्र और सोने के गहने पहनकर सज-धजकर आते। हम सभी झुककर उनका अभिनंदन करते। उसके बाद वह अपना यह वस्त्र उतारकर बैंगनी रंग का दूसरा वस्त्र धारण करते। भारत (India) से मँगवाया सोने का मुकुट पहनकर वह स्वयं को मरकरी ('Mercury') देवता का अवतार मानकर उतरते।"

उन्होंने लिखा है कि कोमोडस भले ही अन्यथा डरपोक थे, लेकिन उस मैदान में पहुँचते ही उनमें न जाने कहाँ से ताक़त आ जाती। वह सौ भालू, दस गैंडे और चार हाथी अकेले मार गिराते। इनमें ख़ासकर मोटी चमड़ी वाले विदेश से मँगवाए गए खूँख़ार गैंडों को भाले से मारना आसान न था। कुछ कमज़ोर ग्लैडिएटरों के कान-नाक भी वह अपनी तलवार से काटते रहते, लेकिन शायद इतना काफ़ी नहीं था। जैसे-जैसे वह दिन निकट आ रहा था, कोमोडस डरने लगे थे। उन्होंने रोम के सबसे शक्तिशाली ग्लैडिएटर नारसिसस को बुलवाया और कहा, "नारसिसस! मैं तुम्हें आज़ाद कर दूँगा। लेकिन, पहले तुम्हें मुझे अपनी विद्या सिखानी होगी।"

"सीज़र! यह तो ग़ुलामों की विद्या है, जो अपनी आज़ादी के लिए, अपने जीवन के लिए लड़ते हैं। यह भला कोई कैसे सिखा सकता है?" "जब तुम मुझे सिखाओ, तो यह मत सोचना कि मैं सीज़र हूँ। तुम मुझे अपने ग्लैडिएटर भाइयों में एक समझना।"

नारसिसस ने पहले तो आदर भाव से ही कुछ तलवारबाज़ी सिखाई, जिसमें जान-बूझकर हार जाते। लेकिन, जब कोमोडस ने एक बार ललकारा तो नारसिसस ने उन्हें पटककर तलवार की नोक गले पर लगा दी। अपनी मृत्यु को इतने क़रीब देख कोमोडस काँपने लगे। उन्होंने सोचा कि यह उन्होंने क्या कर दिया! अगर वह वाक़ई मैदान में मारे गए तो?

आख़िर खेल शुरू हुआ। सभी सीनेटरों ने कोमोडस का हाथ चूमकर उन्हें शुभकामना दी। डियो ने कहा, "ईश्वर आपकी रक्षा करे।"

पहले दिन जंगली जानवरों के सामने कोमोडस को उतरना था। कोमोडस एक रथ दौड़ाते हुए जब आए, तो जनता 'सीज़र! सीज़र!' चिल्लाने लगी, और इस जोश में वाक़ई कोमोडस अच्छा खेले। उन्होंने हाथी और गैंडों के अलावा एक खूँख़ार बाघ को भी मार गिराया। इसके बाद उनका आत्मविश्वास बढ़ता ही गया, और वह तेरह दिनों तक ग्लैडिएटर बनकर उतरते रहे। उन्होंने कई मँजे हुए ग्लैडिएटरों का ख़ून बहाया। यह बात सीनेटरों को चौंका रही थी कि यह आदमी इतना शक्तिशाली आख़िर कैसे बन गया? नारसिसस, जो अब आज़ाद हो चुके

थे, उन्हें भी शंका हुई कि उनके तमाम ग्लैडिएटर भाई कैसे इतनी आसानी से मारे जा रहे हैं? जब उन्होंने तफ़्तीश की तो मालूम पड़ा, हर ग्लैडिएटर के हाथ में जान-बूझकर एक ज़ंग लगी तलवार दी जा रही है; और कहा जा रहा है कि देवता के अवतार सीज़र के हाथों मरकर मुक्ति मिलेगी।

आख़िरी दिन एक सिंह का मुकुट पहनकर कोमोडस मैदान में उतरे, जो रोमन देवता हरक्यूलिस का वेष था। मिथक था कि हरक्यूलिस के पास अदम्य शक्ति थी, और वह अजेय थे। उस दिन ग्लैडिएटरों का ख़ून बहाकर कोमोडस स्वयं को संपूर्ण पृथ्वी का सबसे शक्तिशाली पुरुष मानने लगे थे। वह जब आधे दिन के खेल के बाद विश्रामगृह पहुँचे तो सामने नारसिसस खड़े थे। "सीज़र! आपने हम सब ग्लैडिएटरों को अपना भाई कहा। आपने मुझसे विद्या सीखी। लेकिन, यह छल तो मैंने नहीं सिखाया कि अपने भाइयों की इस तरह हत्या की जाए। आप उन्हें एक जैसी तलवार देकर हराते?"

"नारसिसस! मैं बराबर की लड़ाई लड़ सकता था। मगर रोम-वासी एक सीज़र पर हुआ वार कैसे सहते? मुझे तो जीतना ही था।" "अच्छा, तो इसलिए आपने मुझे आज़ादी दी ताकि मुझसे सामना न हो? मैं आज ज़ंग लगी तलवार से आपको ललकारता हूँ! आप मुझे भी मारकर मुक्ति दें।"

डियो के लेखन में यह स्पष्ट नहीं कि आख़िर नारसिसस ने किस तरह उन्हें मारा। उनके अनुसार पहले उनकी रखैल मार्सिया और उसके पति एक्लेक्टस ने उन्हें ज़हर दिया। लेकिन कोमोडस ने उल्टी कर दी और नहीं मरे। उस समय नारसिसस सामने आए, ललकारा और कोमोडस को अपनी काँख में दबाकर घसीटते हुए गला घोंट दिया।

डियो लिखते हैं, "इस घटना से कुछ महीने पहले आकाश में अचानक गिद्ध और बाज़ चक्कर काटने लगे थे, रोम में ऐसी आग लगी थी कि उसकी लपटें राजमहल तक पहुँच चुकी थीं, उल्लुओं की विचित्र आवाज़ें गूँज रही थीं। हमें किसी अनिष्ट की आशंका थी, जो उस दिन स्पष्ट हो गई।"

रक्त की प्यासी रोमन जनता के सामने उनके सीज़र कोमोडस का शोणित बह रहा था। यह रोमन शांति का अंत था। या यूँ कहिए, यह रोम का अंत था। कई

रोमवासी मानते थे कि वाक़ई सीज़र देवता के अवतार होते हैं। यह उनके धर्म, उनके विश्वास की हार थी, एक अजेय हरक्यूलिस की हार थी, जो 192 ईस्वी में उस कोलोसियम में हुई। इस रोमन धर्म के अवसान के साथ ही एक नए धर्म का मार्ग खुल रहा था।

# क्रिश्चियन

ईसाइयों ने धीरे-धीरे यहूदियों से अलग होने के रास्ते तैयार किए। इसके लिए उन्होंने स्वयं को लचीला बनाया। जैसे उन्होंने तर्क सहित यह कहा कि ईसाई बनने के लिए ख़तना ('circumcision') कराने की ज़रूरत नहीं (एक्ट 15, बाइबल), जबकि यहूदी इस मामले में कट्टर थे कि यह तो मूलभूत शर्त है। येरुशलम पर फ़तह के बाद जब यहूदियों पर ज़बरन 'यहूदी कर' लगाया गया, तो कई यहूदियों ने ख़तना कराना बंद कर दिया ताकि इस कर से बच जाएँ। बिना ख़तना के वे वापस यहूदी तो बन नहीं सकते थे, मगर ईसाइयों ने उनका स्वागत किया। आज भी अगर किसी को ईसाई बनना है, तो ख़तना वैकल्पिक है। इस कारण 'ईसाई धर्म परिवर्तन' कई मामलों में सबसे सुलभ था, और आज भी है।

❋ ❋ ❋

अब पुनः मैं उस बात पर लौटता हूँ, जिसे मैंने ही पहले ख़ारिज कर दिया था। कैसियस डियो ने लिखा कि रोमन शहंशाह कोमोडस की रखैल मार्सिया ईसाई धर्म से प्रभावित थी। अगर कहानी का क्लाइमेक्स देखें, तो उन्होंने ही कोमोडस को ज़हर दिया। उसके बाद रोम के धर्म का पतन, और ईसाई धर्म का उदय शुरू हुआ। तो क्या मार्सिया यह सब किसी ईसाई धर्म-प्रचारक के इशारों पर कर रही थी?

इन विषयों पर कुछ भी स्पष्ट लिखित मिलना कठिन है, इसलिए मैं प्रश्न को अनुत्तरित रखकर आगे की कहानी कहता हूँ। शायद उत्तर स्वतः ही मिल जाए।

कोमोडस की हत्या के बाद गृह-युद्ध की स्थिति बनती जा रही थी। प्रिटोरियन गार्ड (रोमन सेनापति) की ताक़त बढ़ गई थी। एक सीनेटर पर्टिनैक्स को राजा बनाया गया, जिनकी कुछ ही महीनों बाद सेनापति से अनबन हुई, तो मार डाला गया। हद तो यह हो गई कि अगले राजा के लिए नीलामी रखी गई। सबसे अधिक

दाम लगाकर यूलियानस राजा बने, मगर उनको भी दो महीने बाद मार दिया गया। यानी, एक साल के अंदर दो राजा साफ़!

हालाँकि उनके बाद बने राजा सेवेरस और पुत्र एंटोनियस ने पच्चीस साल तक रोम की गाड़ी ठीक-ठाक चलाई। 217 ईस्वी में एंटोनियस को भी मार डाला गया। उसके बाद यह सिलसिला चलता रहा, कि एक राजा की हत्या होती, दूसरा बनता, और वह भी मारा जाता। ज़ाहिर है रोमन साम्राज्य की इस डाँवाडोल स्थिति के बाद सारे जीते हुए राज्य एक-एक कर हाथ से निकलते चले गए। जर्मन अब बहुत शक्तिशाली होते जा रहे थे, और यूरोप का बड़ा हिस्सा झपट चुके थे। एशिया में पहलवी साम्राज्य ने कई हिस्से पुनः अर्जित कर लिए। 260 ईस्वी में पहलवियों ने रोमन राजा वैलेरियन को ही बंदी बनाकर मार डाला!

आख़िर 284 ईस्वी में रोमन राजा डायोक्लेशियन ने इस डूबती नैया को पार लगाने का एक हल निकाला। उन्होंने साम्राज्य के दो टुकड़े कर दिए। पूर्वी और पश्चिमी। जैसे अब राष्ट्रपति और प्रधानमंत्री होते हैं, उसी तरह से दोनों हिस्सों के एक 'ऑगस्तस' (राजा) और एक 'सीज़र' (प्रधान) बनाए गए। यानी अब चार लोग मिलकर रोम सँभाल रहे थे, जिसे कहा गया चतुर्भुज ('tetrarchy') व्यवस्था।

इस मध्य आर्मीनिया में एक निर्णायक घटना हो रही थी। आप मानचित्र में इस देश को बड़ी मुश्किल से ढूँढ़ पाएँगे। यह तुर्की, ईरान, इराक़ के पड़ोस में मामूली सा देश है। तीसरी सदी में अनग नामक व्यक्ति ने यहाँ के राजा खुसरो की हत्या कर दी। अनग को फाँसी हुई, और उनके पुत्र ग्रेगरी को एक ईसाई पादरी ने पाला-पोसा। आर्मीनिया के नए राजा तिरिदेतस को पता लगा कि उनके पिता के हत्यारे का पुत्र ज़िंदा है और ईसाई बन गया है। उन्होंने ग्रेगरी को कारागार में बंद कर ईसाई धर्म त्यागने कहा। क़िस्सा है कि तेरह वर्ष तक क़ैद में रहकर भी ग्रेगरी ने ईसाई धर्म नहीं त्यागा। इसके उलट जेल में बैठे-बैठे ही राजा तिरिदेतस पर प्रभाव डाल दिया। उसी दौरान राजा एक ईसाई नन के प्रेम में पड़ गए। आख़िर राजा पहले पागल हुए, और फिर उनका बपतिस्मा हुआ। उन्होंने पूरे राज्य को ईसाईयत स्वीकारने का आदेश दे दिया। इस तरह 301 ईस्वी में आर्मीनिया दुनिया का पहला ईसाई देश बन गया। अब बारी थी रोम की।

❋❋❋

आधुनिक दुनिया में राज्य और धर्म को अलग रखने की वकालत चलती रही है। फौरी तौर पर आज के समय चार रूप देखने को मिलते हैं। पहला कि धर्म और राष्ट्र को जोड़ देना, जैसे आर्मीनिया लगभग अठारह सदियों से एक ईसाई देश है। कुछ उदारवादी रूप में स्कैंडिनेविया में भी राज्य-धर्म की परंपरा कमोबेश क़ायम है। इसी तरह इज़राइल यहूदी राष्ट्र, और अरब-उत्तर अफ़्रीका के कई देश इस्लाम राष्ट्र हैं। दूसरा कि धर्म और राष्ट्र को अलग रखकर देखना, जिसमें कई आधुनिक लोकतंत्र हैं। हालाँकि एक धर्म की बहुलता के कारण यह छवि स्पष्ट नहीं दिखती, लेकिन 'राज्य-धर्म' की परंपरा नहीं। तीसरा कि धर्म को ख़ारिज कर या नेपथ्य में रखकर राज्य की सत्ता को प्रमुखता देना। जैसे साम्यवादी राष्ट्र और कुछ नास्तिकता-प्रमुख लोकतंत्र। चौथे रूप में न लोकतंत्र है, और न किसी एक धर्म की सत्ता। ये बनते-बिगड़ते देश या तानाशाही से प्रभावित देश हैं। इनके अतिरिक्त भी कुछ अपवाद मिल सकते हैं।

लेकिन, प्राचीन इतिहास में जब ईसाइयत और इस्लाम नहीं आए थे, और यहूदियों के पास सत्ता नहीं थी, तब भी राष्ट्र और धर्म जुड़े हुए थे। जैसा मैंने लिखा कि रोमन राजा स्वयं को देवतुल्य मानते, जूपिटर मंदिर की सीढ़ियाँ चढ़कर शपथ लेते, और कुछ तो राज्य के प्रधान धर्मगुरु (पॉन्टिफस मैक्सिमस) भी कहलाते। इस कारण जब राज्य पराजित होता, या राजा का धर्म बदलता, तो पूरे राज्य का धर्म बदल सकता था। जैसा हमने आर्मीनिया के विषय में पढ़ा।

ईसाइयों ने यहूदियों से अधिक सफलता इसलिए भी पाई, कि उन्होंने सीधे सत्ताधीशों (राजाओं) का धर्म-परिवर्तन किया। उदाहरणस्वरूप मैंने रूस पर आधारित पुस्तक में ज़ार व्लादिमीर के धर्म-परिवर्तन की चर्चा की थी, जब रूस जैसा विशाल देश एक झटके में ईसाई बन गया।

जब रोम में डायोक्लेशियन राजा बने, तो उन्होंने अपने रोमन धर्म को ऊँचाई दिलाने का आख़िरी प्रयास किया। अन्यथा जनता का इन जूपिटर और वीनस जैसे देवी-देवताओं से भरोसा उठने लगा था। उन्हें लगता कि जब हमारे राजा ही टिक नहीं पा रहे, तो ये देवी-देवता बस यूँ ही हैं। धार्मिक भ्रष्टाचार और धर्मगुरुओं

द्वारा 'वेस्टल वर्जिन' (मंदिर की दासी) का शोषण भी बढ़ गया था। ग़ुलामों के वंशजों को यूँ भी मंदिर में प्रवेश नहीं मिलता। ऐसे समय में ईसाई प्रचारक रोमनों का मन बदलने लगे थे। उन्होंने एक प्रक्रिया शुरू की, जिसमें बप्तिस्मा कर ईसाई धर्म स्वीकारना नहीं था। सिर्फ़ उन्हें मौखिक ईसाई शिक्षा दी जाती। जैसे व्यक्ति मूर्तिपूजक ही रहे, लेकिन उसे बलि-प्रथा से घृणा हो जाए। भोजन के लिए पशु का माँस खाए, किंतु शौक़ के लिए शिकार कर या देवता को प्रसन्न करने के लिए जीव हत्या न करे। उसे आडंबरों से बैर हो जाए। धीरे-धीरे मूर्तियों से भी कोई आकर्षण न रहे। यानी दिखने में रोमन, लेकिन मन से ईसाई। यह प्रक्रिया कही गई 'कैटेशेसिस' ('Catechesis')।

जब राजा डायोक्लेशियन तक यह ख़बर पहुँची, तो वह अपोलो देव के मंदिर गए। वहाँ के धर्मगुरु से पूछा कि क्या आदेश है। उन्होंने कहा कि इन ईसाइयों को पकड़कर सज़ा देना ही एकमात्र हल है। 303 ईस्वी में राजा ने कुछ इस तरह घोषणा कर दी, "इन ईसाइयों को रोमन धर्म से छेड़खानी करने की कोई इजाज़त नहीं। रोम का हर नागरिक बलि चढ़ाए, और जो भी ना-नुकर करे, उसे सज़ा दी जाए।"

इतिहास में इसे 'महा-उत्पीड़न' ('The Great Persecution') कहा जाता है। ऐसी सज़ाओं ने रोम-वासियों को धर्म के क़रीब लाने के बजाय दूर ही कर दिया। निरीह ईसाइयों को यूँ बाँधकर मारा जाना, कोलोसियम के शेरों का ग्रास बनवाना उनके प्रति सहानुभूति दे गया। उस समय रोम के एक प्रधानमंत्री (सीज़र) कोन्स्टैंशियस 'क्लोरस' भी राजा के इन आदेशों से असहमत होते गए। ख़ासकर उनके तीस वर्षीय पुत्र ने हाल ही में ईसाई 'कैटेशेसिस' की शिक्षा प्राप्त की थी, और वह एक कुशल सेनापति भी थे। अपनी क्षमताओं और अपने पिता की कुलीनता के कारण उनके भाग्य में राजयोग था। उन 'मन से ईसाई' व्यक्ति का नाम था—कॉन्स्टेंटाइन ('Constantine')।

❋❋❋

इतिहास में विजयोत्सव मनाने की परंपरा रही है। कई पंथों के उत्पीड़न होते रहे, और आज भी हो रहे हैं, लेकिन इसे एक स्मृति-चिह्न बनाकर कम सँजोया जाता है। ईसाइयों ने दूसरी सदी से ही 'क्रॉस' को महत्त्व देना शुरू कर दिया।

इसके दो मायने संभव हैं। पहला कि यहूदियों द्वारा यीशु को सूली पर लटकाना हर ईसाई को स्मरण रहे, दूसरा कि रोमनों द्वारा उत्पीड़न भी याद रहे। इस तरह हर ईसाई न अपने पूर्वज यहूदियों से आकर्षित हों, न मूर्तिपूजकों से। टर्टुलियन (155-220 ईस्वी) ने लिखा है कि ईसाई अपने हाथ से माथे और कंधों को छूकर 'क्रॉस' का काल्पनिक निशान बनाते। जबकि मान्यता है, यीशु स्वयं इस तरह के किसी प्रतीक या मूर्ति के समर्थन में नहीं थे। किसी मंदिर-नुमा पूजास्थल का भी वह विरोध करते रहे। आज भी नॉर्वे और अन्य देशों में मौजूद 'यहोवा के साक्षी' ('Jehova's witness') नामक ईसाई पंथ 'क्रॉस' का प्रयोग नहीं करते। न ही यीशु या वर्जिन मैरी के चित्र को पूजते हैं। वे मात्र बाइबल को ही प्रामाणिक मानते हैं। यह वैज्ञानिक इतिहास में दर्ज नहीं कि वाक़ई यीशु को सूली पर लटकाया गया, न ही यहूदी सन्हेद्रिन में यह परंपरा थी।

राजा डायोक्लेशियन ने जब रोमन साम्राज्य का विभाजन किया, तो ज़ाहिर है दो राजधानी/मुख्यालय बने। पहली इटली के मिलान में, जो पश्चिमी साम्राज्य सँभालती। दूसरी तुर्की के निकोमेदा में, जो पूर्वी साम्राज्य सँभालती। कॉन्स्टेंटाइन जब वयस्क हुए, तो वह तुर्की में राजा के सहायक बन गए। उनके पिता पहले से ही सीज़र पद पर थे, तो यह पद दिलाना कठिन न होगा। जब रोमन साम्राज्य में ईसाइयों पर अत्याचार हो रहे थे, उस समय कॉन्स्टेंटाइन ब्रिटेन के विद्रोहियों पर चढ़ाई करने गए थे। वह 306 ईस्वी में जीत दर्ज कर लौटे, और उनका राजा बनना तय हो गया। उस समय तक तकनीकी रूप से वह मूर्तिपूजक ही थे, लेकिन 312 ईस्वी में एक विचित्र घटना हुई। कॉन्स्टेंटाइन ने अपनी सेना को कहा कि अपने ढालों पर 'क्रॉस' का चिह्न बनाएँ। मुमकिन है कि किसी ईसाई प्रचारक ने उन्हें प्रभावित किया हो। कालांतर में यह मिथक बन गया कि आकाश में उन्होंने 'क्रॉस' का चिह्न देखा, और सीधे ईश्वर का आदेश मिला। ऐसे चमत्कारी मिथक यूरोप के ईसाईकरण में बारंबार मिलेंगे। कॉन्स्टेंटाइन को 'ईश्वर' का आदेश यह था कि वह अकेले रोमन साम्राज्य के शासक बन जाएँ, और तभी उन्होंने अपने ही राज्य पर चढ़ाई की थी। उन्होंने 324 ईस्वी में रोमन साम्राज्य पर एकछत्र राज्य स्थापित कर लिया। उसी दौरान उन्होंने फ़ारस के राजा को चिट्ठी भेजी कि ईश्वर ने उन्हें संपूर्ण विश्व में शांति स्थापना के लिए भेजा है।

यह बात अवैज्ञानिक लगती है कि ईश्वर ने आकाश से उन्हें समझाया कि अब ब्रिटेन पर क़ब्ज़ा कर लो, अब रोम जीत लो, और अब नई राजधानी बना लो! रोमन साम्राज्य की राजधानी रोम ही नहीं रही! नई राजधानी पूरब में बनाई गई, जिसका नाम पड़ गया कुस्तुन्तुनिया ('Constantinople')। ख़ैर, राजधानी बनाना तो रणनीतिक निर्णय है। जर्मनों और गॉल के हमलों से बचने के लिए यह नई राजधानी बेहतर थी। लेकिन, हज़ार वर्षों का रोमन इतिहास और रोम की महत्ता जैसे उसी वक़्त ख़त्म हो गई। अब रोम सिर्फ़ एक नगर था। वहाँ के तमाम मंदिर, राजमहल, कोलोसियम, जीर्ण हो रहे थे, और कुस्तुन्तुनिया को भव्य आधुनिक राजधानी बनाया जा रहा था।

राजा ने स्वयं ईसाई धर्म धारण कर लिया और वह रोम में एक विशाल गिरजाघर बनवाने लगे। पहले भी उन्होंने एक घोषणापत्र ('Edict of Milan') भिजवाया था जिसमें ईसाइयों की सभी छीनी गई संपत्तियाँ वापस करने कहा गया और उत्पीड़ित ईसाई परिवारों को धन-राशि दी गई। जब राजा ही ईसाई बन गए, तो प्रजा क्या करती? धीरे-धीरे वह भी स्वेच्छा से ईसाई बनती गई, और रोमन मंदिरों का ख़ज़ाना घटता गया। ईसाई पादरियों के सामने रोमन पुरोहित गँवार दिखने लगे। उनका नाम ही रख दिया गया— पेगन यानी गाँव-देहात का धर्म ('pagus' का अर्थ गाँव)। कभी यह दुनिया के शक्तिशाली और आधुनिक नगरों में एक रोम का धर्म था, अब यही गँवार हो गया!

391 ईस्वी में राजा थियोडोसियस ने घोषणा की, "हमारे साम्राज्य में अब सभी पेगन रीतियों पर पाबंदी लगाई जाती है। आज से कोई भी व्यक्ति दकियानूसी मूर्तियों की पूजा न करे।"

चौथी सदी की शुरुआत ईसाइयों के महा-उत्पीड़न से हुई थी, सदी के अंत तक ईसाई धर्म राज्य-धर्म बन चुका था। हालाँकि यह इतना सुलभ नहीं था कि ईसाई धर्म का एकछत्र राज स्थापित हो जाए। उस वक़्त धर्मग्रंथ के मीमांसा बन ही रहे थे, और पादरियों की आपस में सहमति नहीं थी। बहुदेववादी मूर्तिपूजकों के लंबे इतिहास और मिथकों के सामने उनके पास चमत्कारी कथाएँ कम थीं। जनता शंकित थी कि उनके लिए उचित क्या है, किस तरह का धर्म चुना जाए। ऐसे समय में एक राजा द्वारा धर्म की कमान सँभालना, और धार्मिक विवादों को निपटाना

इसे एक दिशा दे गया। वे जो भी अंतिम निर्णय लेते, उस पर मुहर लग जाती। न सिर्फ़ राजा, बल्कि गिरजाघरों के बिशप (मुख्य पादरी) भी रसूखदार परिवारों से चुने जाते। ऐसे लोग जो बाज़ार में निकलें तो सभी आदर से देखें। उनकी बात ग़ौर से सुनी जाए, मान ली जाए।

तीसरी सदी में धर्म के विकल्प ढूँढ़ने की क़वायद तेज़ हो रही थी, और निराकार 'परमेश्वर' ('Supreme God') की चर्चा होने लगी थी। तमाम अलग-अलग देवी-देवताओं को ख़ारिज कर या उनको उपदेवता ('Demigod') बताकर सीधे परमेश्वर की साधना। लेकिन, ऐसी बातें करने वालों की भी कोई कमी नहीं थी।

तीसरी सदी में ईसाइयों की सबसे प्रमुख टक्कर पूरब में उभर रहे एक पंथ से हुई। मानी नामक एक व्यक्ति ने स्वयं को ज़रथुष्ट्र, बुद्ध और यीशु के बाद अगला मसीहा कहना शुरू किया। पश्चिम भारत (अब पाकिस्तान) में उनके पहले अनुयायी बनने शुरू हुए, जो धीरे-धीरे रोम तक पसर गए। उन्होंने इन ईसाई बिशपों को सिरे से ख़ारिज कर दिया कि वे यीशु की शिक्षाओं पर नहीं चल रहे। चूँकि वह ईसाई धर्म के ग्रंथ और बौद्ध मठ पद्धति, दोनों का अध्ययन करते हुए लंबी यात्राएँ कर रहे थे, वह एक 'संपूर्ण और आख़िरी धर्म' की मार्केटिंग कर रहे थे। मानी का प्रभाव ऐसा था कि रोमन राजा डायोक्लेशियन ने कहा, "ये फ़ारस से आए विचित्र पंथ के लोग हमारे साम्राज्य के भोले-भाले लोगों को फँसाकर ज़हर घोल रहे हैं।"

ईसाइयों के उत्पीड़न से पहले इन मानी धर्म वालों को ज़िंदा जलाने का आदेश दिया गया। इसी तरह फ़ारस के पारसियों ने भी उन्हें और उनके अनुयायियों को सज़ा दिलवाई। चीन के कुछ इलाक़ों को छोड़ दें, तो यह मानी पंथ ('Manichaeism') दुनिया से ही ख़त्म कर दिया गया।

अगली कठिन टक्कर थी रोमन बहुदेववादी सीनेटरों और विद्वानों से। उन्होंने कॉन्स्टेंटाइन के समय भी ईसाई धर्म को राज्य-धर्म बनने नहीं दिया, और सिनेट के मध्य में देवी विक्टोरिया की मूर्ति लगी रहती। अगले राजा कॉन्स्टेंटाइन द्वितीय ने बिशप की आज्ञा पर वह मूर्ति ज़बरदस्ती हटवा दी। लेकिन उनके बाद आए राजा यूलियन को वह मूर्ति पुनः लगानी पड़ी।

आख़िर बिशप एंब्रोज़ ने राजा को चिट्ठी लिखी, "जब तक हम सच्चे परमेश्वर की साधना नहीं करेंगे, मोक्ष नहीं मिलेगा। सच्चे परमेश्वर वही हैं, जो हमारे ईसाई धर्म में हैं। आपने स्वयं ईसाई धर्म धारण किया है, लेकिन कल अगर कोई पेगन राजा गद्दी पर बैठ जाए? जगह-जगह मंदिर बनाकर हमें वहाँ बुलाए तो कितना बड़ा अनिष्ट होगा? वहाँ घृणित बलि चढ़ाए, लकड़ियाँ जलाकर यज्ञ करे तो क्या हम उसके धुएँ में घुटते रहें? आप राजा हैं। आप एक कठोर आदेश दे सकते हैं कि राज्य में सिर्फ़ ईसाई गिरजाघर ही मान्य देवस्थल होंगे। किसी भी मूर्तिपूजा को सरकार की ओर से अनुदान नहीं दिया जाएगा। किसी सरकारी स्थल पर देवी-देवता की मूर्ति नहीं होगी। 'पॉन्टिफस मैक्सिमस' का पद ख़ारिज कर दिया जाए। अगर रोम पर कोई आक्रमण होता है, तो उनके काल्पनिक देवता जूपिटर न कल बचाने आए थे, न आज आएँगे!"

ईसाई अब आक्रामक हो रहे थे। उसी दौरान उनके अनुयायियों द्वारा सिकंदरिया में एक सिरापिस मंदिर तोड़ दिया गया। मूर्तिपूजकों का मज़ाक उड़ाया जाता और कहा जाता कि परमेश्वर के पास जाओ, इन मिट्टी के पुतलों में कुछ नहीं रखा। थियोडोसियस के राजा बनने तक यह ईसाई धार्मिक कट्टरता चरम पर पहुँच गई। रोम के कुछ गाँवों में मूर्तिपूजन चलता रहा, लेकिन शहरी नैरेटिव से इसे ख़त्म किया जाने लगा। मगर यूरोप का अर्थ सिर्फ़ रोम नहीं था।

पश्चिमी यूरोप पर जर्मन क़ब्ज़ा कर चुके थे। 410 ईस्वी में एक तरफ़ ब्रिटेन रोम के हाथ से निकला, दूसरी तरफ़ गॉथ राजा एलेरिक ने रोम पर फ़तह कर ली। कुछ ही दशकों में रोमन साम्राज्य का नामोनिशान मिट गया। पूरब में जो अवशेष बचे, वह कहलाए बैज़ंटाइन साम्राज्य। इसका अर्थ यह भी था कि यूरोप में ईसाई धर्म का घोड़ा जो तेज़ी से दौड़ रहा था, वह कुछ सदियों के लिए रुक गया।

पेगन इतिहासकार ज़ोसिमस ने लिखा, "अपने देवताओं को त्यागने की सज़ा हमें मिल रही है।"

संत ऑगस्तिन ने जवाब में 'सिटी ऑफ़ गॉड' में लिखा, "रोम को इतने वर्षों की मूर्ति पूजा की सज़ा भुगतनी पड़ी। एक भी पेगन देवता रोम को बचा न सके।"

अगली कई सदियों तक रोम इस द्वंद्व से जूझता रहा कि उन्हें उनके देवता बचाने आएँगे, या परमेश्वर। पेगन बनाम ईसाई की यह जंग अभी लंबी चलनी थी।

✵✵✵

4 सितंबर, 476 ईस्वी।

यह रोम का आख़िरी दिन था। तेरह सदियों की संस्कृति का आख़िरी दिन। कभी एक विशाल साम्राज्य की राजधानी का आख़िरी दिन। घोड़े पर सवार जूलियस सीज़र की मूर्ति तोड़ी जा चुकी थी। कोलोसियम की दीवारें गिर गई थीं। जूपिटर का मंदिर जीर्ण हो चुका था। पैलेटाइन पहाड़ी पर राजमहल की छवि धूमिल हो चुकी थी। रोम की स्थापना रोम्युलस ने की थी। रोमन गणतंत्र का अंत कर रोमन साम्राज्य की स्थापना ऑगस्तस सीज़र ने की। यह प्रकृति का व्यंग्य ही कहा जा सकता है कि रोम के अंतिम शासक का नाम 'रोम्युलस ऑगस्तस' था। यह कोई तलवार हाथ में लिए, कवच धारण किए, रेशमी टोगा लहराते, पत्तों का मुकुट पहने राजा नहीं, बल्कि मात्र ग्यारह वर्ष का अबोध बालक था।

रोम की सेना में जुड़े एक जर्मन बर्बर (बारबेरियन) सरदार ओडोसेर ने एक हफ़्ते पहले युद्धभूमि में रोम्युलस के पिता ओरेस्टर को मार डाला। आज जब उनके घोड़े के टापों की आवाज़ रोम में सुनाई दी, तो एक बुज़ुर्ग ने कहा, "सभ्यता का अंत हुआ, असभ्यों की विजय हुई।"

बालक रोम्युलस के पूरे परिवार को मौत के घाट उतारने के बाद जब ओडोसेर का घोड़ा उस बालक राजा के समक्ष रुका, तो ओडोसेर ने तलवार की नोक गले से लगाई। रोम्युलस काँपते हुए रोने लगे। ओडोसेर ने ठहाके लगाते हुए उन्हें क्षमादान दिया और कहा, "डरो मत बच्चे! तुम्हारे पिता और मेरे पिता अतीला के दरबार में बहुत अच्छे दोस्त थे। मैंने भी उनके साथ पहले काम किया है। हमें रोमवासी असभ्य कहते हैं, इसका अर्थ यह नहीं कि हम बर्बर हैं, हम में संवेदना नहीं। यह तो युद्धभूमि का न्याय था, जो तुम्हारे पिता के साथ मुझे करना पड़ा। लेकिन, तुम्हारी ज़िम्मेदारी अब मेरी है। अब इस रोम की भी।"

रोम कभी ख़त्म नहीं हुआ। रोम तो आज भी है। ग्रीको-रोमन इतिहासकारों ने इस व्यवस्था की समाप्ति को रोम का अंत मान लिया। वे चाहते तो जर्मन राजाओं की सूची बनाकर इतिहास आगे ले जा सकते थे, लेकिन उन्होंने उन्हें असभ्य दिखाकर उसी बिंदु पर रोमन सभ्यता का इति लिख दिया।

पूरब में कुस्तुन्तुनिया में बैज़ंटाइन साम्राज्य अवश्य फलता-फूलता रहा। वह ईसाई धर्म और ग्रीको-रोमन संस्कृति का केंद्र बना। उसे कोई प्रत्यक्ष ख़तरा नहीं था, और वह भविष्य में यूरोप पर विजय की सोच सकते थे। सत्ता से भले ही उन्होंने विजय नहीं पाई, लेकिन ईसाई धर्म ने धीरे-धीरे यूरोप में पसरना शुरू किया। उन्होंने पेगनों से कई चीज़ें सीखीं भी। जैसे कि उन्होंने 25 दिसंबर की एक काल्पनिक तिथि चुनकर यीशु का जन्मदिन मनाना शुरू किया। यीशु का जन्मस्थान आदि भी तय किया गया। उनकी और वर्जिन मैरी की एक तस्वीर तैयार की गई। संत पॉल, संत पीटर, संत ऑगस्तिन आदि की छवियाँ भी बनने लगीं, और इस तरह वे कुछ हद तक मूर्तिपूजक होते गए। फिर भी, अगर यहूदियों से कुछ बैर को अलग रख दिया जाए तो सैद्धांतिक रूप से किसी और एकेश्वरवादी धर्म से उनकी भिड़ंत नहीं थी। यीशु के बाद किसी और मसीहा का जन्म नहीं हुआ था।

लेकिन, इतिहास के वाक्य यूँ पूर्ण-विराम पर नहीं ख़त्म होते। रोमन साम्राज्य के अंत के एक सदी बाद अरब में एक पैगंबर का उदय हो रहा था।

# अनुच्छेद

यीशु पर अभियोग, बाइबल (न्यू टेस्टामेंट)

यीशु गेतसिमेन ('Gethsemane') नामक स्थान पर पहुँचे। उन्होंने अपने शिष्यों से कहा, "तुम यहीं बैठो। मैं वहाँ जाकर प्रार्थना करता हूँ।" वह पेतरॉस ('Peter') और ज़ेबेदियॉस ('Zebedee') के दोनों पुत्रों को अपने साथ लेकर आगे गए। यीशु अत्यंत उदास और व्याकुल होने लगे। उन्होंने शिष्यों से कहा, "मेरे प्राण इतने अधिक उदास हैं, मानो मेरी मृत्यु हो रही हो। आज मेरे साथ तुम लोग भी जागते रहो।"

यीशु दंडवत होकर प्रार्थना करने लगे। उन्होंने परमेश्वर से निवेदन किया, "हे पिता! यदि यह प्याला मेरे पिए बिना मुझसे दूर न हो जाए, तो आपकी इच्छा पूरी हो।"

यह कहकर वह अपने शिष्यों के पास लौटे। उन्हें सोया हुआ देख उन्होंने पेतरॉस से कहा, "तुम मेरे साथ एक घंटा भी सजग न रह सके? जागते रहो, प्रार्थना करते रहो, ऐसा न हो कि तुम परीक्षा में पड़ जाओ। निःसंदेह तुम्हारी आत्मा तो तैयार है किंतु शरीर दुर्बल।"

तब यीशु ने दूसरी बार जाकर प्रार्थना की, "हे पिता! यदि यह प्याला मेरे पिए बिना मुझसे दूर नहीं हो सकता तो आप ही की इच्छा पूरी हो।" वह दोबारा लौटकर आए तो देखा कि शिष्य सोए हुए हैं। उनकी पलकें बोझिल थीं। उन्होंने तीसरी बार प्रार्थना में वही सब दोहराया।

तब वह शिष्यों के पास लौटे और उनसे कहा, "तुम लोग सोते रह गए? वहाँ देखो! आ गया है वह क्षण! यह मनुज पापियों के हाथों पकड़वाया जा रहा है। उठो! यहाँ से चलें। मुझे गिरफ़्तार करने वाले आ गए।"

यीशु अपना कथन समाप्त भी न कर पाए थे कि यहूदाह ('Judas') जो उनके बारह शिष्यों में से एक थे, वहाँ आ पहुँचे। उनके साथ एक बड़ी भीड़ थी, जो तलवारें और लाठियाँ लिए हुए थी। ये सब यहूदी धर्मशास्त्रियों की ओर से भेजे गए थे। यीशु के विश्वासघाती ने उन्हें पहले समझा दिया था, "मैं जिसके हाथ चूमूँगा, उसे पकड़ लेना।"

यहूदाह यीशु के पास आए, और उनके हाथ चूमकर कहा, "प्रणाम, रब्बी!"

यीशु ने यहूदाह से कहा, "मित्र! अब जिस काम के लिए आए हो, उसे पूरा कर लो।"

उन्होंने यीशु को पकड़ लिया। यीशु के शिष्यों में से एक ने तलवार खींची और न्यायाधीश के दास पर चला दी जिससे उसका कान कट गया। यीशु ने उस शिष्य से कहा, "अपनी तलवार को म्यान में रखो! जो तलवार उठाते हैं, वे तलवार से ही नाश किए जाते हैं। क्या मैं स्वयं अपने पिता से विनती नहीं कर सकता और वह मेरे लिए स्वर्गदूतों की बड़ी सेना नहीं भेज सकते? फिर भला हमारा पवित्र ग्रंथ कैसे पूरा होगा, जिसमें लिखा है कि यह सब इसी प्रकार होना आवश्यक है?"

यीशु ने भीड़ को संबोधित करते हुए कहा, "तुम्हें मुझे पकड़ने के लिए तलवारें और लाठियाँ लेकर आने की क्या ज़रूरत थी? यह सब तो किसी डाकू को पकड़ने के लिए होती है। मैं तो प्रतिदिन धर्मस्थल में बैठकर शिक्षा दिया करता था। उस समय तुमने मुझे नहीं पकड़ा। यह सब इसलिए हुआ है कि पवित्र ग्रंथ की बातें सत्य हों।"

उनके सभी शिष्य उन्हें छोड़कर भाग चुके थे। यीशु को पकड़कर न्यायाधीश कायफ़स के पास लाया गया, जहाँ धर्म-शास्त्री इकट्ठा थे। पेतरॉस भी यीशु के पीछे-पीछे चलते हुए महायाजक के प्रांगण में आ पहुँचे थे, और वहाँ प्रहरियों के साथ बैठ गए कि देखें आगे क्या-क्या होता है। प्रधान पुरोहितों तथा परिषद का प्रयास यह था कि वे यीशु के विरुद्ध झूठे गवाह खड़े कर लें और यीशु को मृत्युदंड दिला सकें। अनेक झूठे गवाह सामने आए किंतु मृत्युदंड के लिए आवश्यक दो सहमत गवाह उन्हें फिर भी न मिले।

अंत में ऐसे दो गवाह आए, जिन्होंने कहा, "यह व्यक्ति कहता था कि यह परमेश्वर के धर्मस्थल को नाश करके उसे तीन दिन में दोबारा खड़ा करने में समर्थ है।"

न्यायाधीश ने पूछा, "जो आरोप तुम पर लगाए जा रहे हैं, क्या उसके बचाव में तुम्हें कुछ कहना है?"

यीशु मौन ही रहे। तब न्यायाधीश ने यीशु से कहा, "मैं तुम्हें परमेश्वर की शपथ देता हूँ। तुम हमें बताओ क्या तुम्हीं मसीह यानी परमेश्वर-पुत्र हो?"

यीशु ने उत्तर दिया, "आपने यह स्वयं कह दिया है, फिर भी, मैं आपको यह बताना चाहता हूँ कि आज के बाद आप एक मनुज को सर्वशक्तिमान की दाईं ओर बादलों पर बैठकर आता हुआ देखेंगे।"

यह सुनना था कि न्यायाधीश ने अपने वस्त्र फाड़ डाले और कहा, "इसने परमेश्वर-निंदा की है! क्या अब भी गवाहों की ज़रूरत है? यह मृत्युदंड के योग्य है।" तब उन्होंने यीशु के मुख पर थूका, उन पर घूँसों से प्रहार किया, कुछ ने उन्हें थप्पड़ भी मारे और फिर उनसे प्रश्न किया, "मसीह महोदय! यदि आप सर्वज्ञानी हैं, तो अपनी भविष्यवाणी से बताइए कि आपको किस-किस ने मारा है?"

(खंड समाप्त, आगे)

पेतरॉस आँगन में बैठे हुए थे। एक दासी वहाँ से निकली और पेतरॉस से पूछने लगी, "तुम भी उस ज़लील यीशु के साथ थे न?"

पेतरॉस ने अनजान बनकर कहा, "क्या कह रही हो? मैं समझा नहीं!"

एक दूसरी दासी ने कहा, "यह उस नाज़रेथ के यीशु के साथ था।"

एक बार फिर पेतरॉस ने शपथ खाकर नकारते हुए कहा, "मैं उस व्यक्ति को नहीं जानता।"

एक अन्य व्यक्ति ने कहा, "इसमें कोई संदेह नहीं कि तुम भी उनमें से एक हो। तुम्हारी भाषा-शैली से यह स्पष्ट हो रहा है।"

पेतरॉस अपशब्द कहते हुए शपथ खाकर कहने लगे, "मैं उस व्यक्ति को नहीं जानता!"

उनका यह कहना था कि मुर्गे ने बाँग दी। पेतरॉस को यीशु की वह कही हुई बात याद आई, "इसके पूर्व कि मुर्गा बाँग दे, तुम मुझे तीन बार नकार चुके होगे।"

पेतरॉस बाहर गए और फूट-फूटकर रोने लगे।

[मैथ्यू 26:32-68]

www.ingramcontent.com/pod-product-compliance
Lightning Source LLC
LaVergne TN
LVHW041116150826
845673LV00007B/2079

* 9 7 9 8 8 9 9 2 9 8 4 2 4 *